Veronica Strang

WASSER

Haupt

Veronica Strang

WASSER

Eine Kultur- und Naturgeschichte

Aus dem Englischen übersetzt
von Susanne Schmidt-Wussow

HAUPT VERLAG

FÜR MEINE SCHWESTER HELEN,
DIE NIE VERGISST,
DASS BLUT DICKER ALS WASSER IST.

INHALT

Einführung 7

1 Wasser auf der Erde 10

2 Lebendiges Wasser 31

3 Imaginäres Wasser 51

4 Wasserreisen 67

5 Umleitungen 86

6 Die Macht der Wirtschaft 104

7 Utopien 122

8 Wasser unter Druck 142

Fazit 162

ENDNOTEN 177

AUSGEWÄHLTE LITERATUR 189

ORGANISATIONEN UND WEBSEITEN 192

DANKSAGUNG 194

BILDQUELLEN 195

REGISTER 197

OBEN Wasserlilien in einem australischen Billabong

EINFÜHRUNG

Halten Sie einmal kurz inne und horchen Sie in sich hinein. Vielleicht haben Sie es sich auf dem Sofa gemütlich gemacht, vielleicht lesen Sie in der U-Bahn oder sitzen eingezwängt in einem Fernbus oder Flugzeug. In jedem Fall werden Sie in diesem Moment von Wasser durchströmt, dieser einzigartigen Flüssigkeit aus Wasserstoff und Sauerstoff: Es lässt Ihr Blut durch Venen und Arterien fließen; versorgt Fleisch und Knochen mit Flüssigkeit; leitet die elektrischen Ladungen weiter, die als Gedanken durch Ihr Gehirn schießen; spült Abfallstoffe aus dem Körper; macht Ihre Haut weich; befeuchtet die Hornhäute Ihrer Augen, während Sie dies lesen. Ohne einen ständigen Wasserfluss, der all diese komplexen Systeme funktionsfähig hält, würde Ihr Körper rasch erst Stress, dann Schmerz empfinden und schließlich vollkommen zusammenbrechen.

Aber auch wenn wir ein erfrischendes Getränk genießen, das Rauschen der Flüssigkeiten in unseren inneren Systemen hören und auch die Erleichterung auskosten können, eine volle Blase zu entleeren, ist die Hydrologie unseres Körpers doch überwiegend eine verborgene Angelegenheit, die sich unter der Schwelle unseres alltäglichen Bewusstseins abspielt. Dennoch sind wir uns der Existenz dieser lebenswichtigen Unterströmungen bewusst, so wie wir auch wissen, dass sie uns auf allen Seiten umgeben: in den Zimmerpflanzen oder Gärten, die wir bewässern (oder vertrocknen lassen), in den Nutzpflanzen, die wir anbauen, in den Tieren, mit denen wir leben, in den Ökosystemen, die wir bewohnen, und im Regen, der gegen die Fenster trommelt und sich in Bäche und Flüsse ergießt.

Nicht nur physikalisch durchströmt Wasser jedes Lebewesen auf der Erde. Es durchdringt auch unsere Emotionen und Fantasien und schenkt uns dabei Metaphern, in denen wir denken können. Es durchzieht religiöse und politische Überzeugungen, wirtschaftliche und gesellschaftliche Praktiken. Es ist buchstäblich lebenswichtig für jeden Aspekt des Lebens, und so war es schon immer. In diesem Buch geht es daher um die Beziehung der Menschen zum Wasser: wie wir es erleben; was wir darüber denken und davon verstehen; wie wir es in der Realität und in der Fantasie nutzen. Durch Myriaden kultureller Brillen haben die Menschen das Wasser verehrt, geliebt und gefürchtet, sind darüber in Verbindung getreten und haben darum gekämpft. Heute, da sich die Konflikte um

OBEN Porto, Portugal

Trinkwasserquellen verschärfen und selbst die großen Ozeane durch Klimawandel und Umweltverschmutzung unter Druck geraten, bleibt unsere biokulturelle Beziehung zum Wasser nicht nur für unser Wohlergehen zentral, sondern auch für das Wohlergehen jeder anderen lebenden Art.

Was bedeutet „biokulturell"? In vielen Teilen der industrialisierten Welt ist es üblich geworden, über „Natur" und „Kultur" zu sprechen, als wären es zwei getrennte Gebiete. Aber was für uns „Natur" ist, sehen, verstehen und erfahren wir durch eine kulturelle Brille. Und die „Kultur" ist in den materiellen Eigenschaften der Welt verwurzelt, die wir bewohnen, und wird von ihnen beeinflusst. Das menschliche Bewusstsein sitzt in biokulturellen Körpern mit ganz eigenen physiologischen, chemischen und genetischen Gegebenheiten, die sich auf kulturelle Vorstellungen und Praktiken auswirken und von ihnen beeinflusst werden. Wie Menschen mit Wasser umgehen, ist daher ebenso kulturell wie natürlich geprägt, und im Laufe der Zeit und über Räume hinweg ist die Art und Weise, wie Gesellschaften über Wasser nachgedacht, es verstanden und behandelt haben, in mancherlei Hinsicht sagenhaft vielfältig, in anderer dagegen bemerkenswert beständig.[1]

Weil Wasser jeden Aspekt unseres Lebens durchströmt und in unzähligen Formen in jedem Teil unserer Welt auftaucht, gibt es zu diesem Thema riesige und komplexe Meere von Informationen. Es ist nicht möglich, alle diese Informationen hier zu destillieren; realistischerweise ist dieses Buch eher eine Darstellung, die über das Thema hüpft wie ein flacher Stein und nur flüchtig die Oberfläche berührt. Ich hoffe jedoch, dass es dabei zumindest die wichtigsten Aspekte trifft und ein Gefühl dafür vermittelt, auf welche Weise sich das Leben der Menschen im Laufe der Zeit an das Wasser gekoppelt hat.

1 WASSER AUF DER ERDE

WASSER IM ALL

Kaum etwas drückt die Interaktion zwischen der Menschheit und der materiellen Welt so umfassend aus wie das Wasser. Seine besonderen Eigenschaften sind von zentraler Bedeutung für die Evolution aller biologischen Organismen im Laufe der Zeit und gleichzeitig auch dafür, wie die verschiedenen menschlichen Gesellschaften Wasser erfahren und darüber nachdenken, was es ist und was es bedeutet. Viele Gesellschaften kamen durch die Beobachtung der mit Wasser verknüpften Leben spendenden Vorgänge zu dem Schluss, dass alles Leben auf der Erde aus dem Wasser gekommen sein muss, und diese Erklärung bildete im Laufe der Zeit die Grundlage für viele Ursprungsmythen. Aber wie kamen eigentlich das Wasser und das Leben auf die Erde?

Im All gibt es zahlreiche Formen von (oder Zutaten für) Wasser. Das Sonnensystem selbst entstand dem heutigen Wissensstand nach vor 4,5 Milliarden Jahren aus einer Gasspirale, die hauptsächlich aus Wasserstoff bestand. Kürzlich entdeckte man eine gewaltige Wasserdampfwolke um ein schwarzes Loch in 10 Milliarden Lichtjahren Entfernung, die Schätzungen zufolge 140 Billionen Mal so viel Wasser enthält wie die Ozeane der Erde. Mehrere Himmelskörper scheinen eine Art Hydrosphäre zu besitzen, und man nimmt an, dass es auf den Jupitermonden Ganymed und Europa tiefe Ozeane gibt, wenn auch unter dicken Eisschichten.

1876 entdeckte der italienische Priester Pietro Secchi Strukturen auf dem Mars, die wie Rinnen *(canali)* aussahen. Die Karte dieser Strukturen, die der Astronom Giovanni Schiaparelli 1877 erstellte, und die Übersetzung von *canali* als „Kanäle" weckten bei manchen Himmelsguckern wie dem amerikanischen Astronomen Percival Lowell die Idee, dass sie von einer intelligenten Zivilisation angelegt worden sein mussten.[1] Diese verlockende Vorstellung hielt sich, bis auf den Weltraummissionen der 1960er- und 70er-Jahre klarere Fotos gemacht wurden. Inzwischen geht man davon aus, dass das meiste Wasser auf dem roten Planeten in einer Kryosphäre aus Eis und Permafrost eingeschlossen ist.

Warum also wurde die Erde zum blauen Planeten, gekennzeichnet durch riesige Ozeanflächen und Landschaften, die von gewaltigen Flusssystemen

OBEN Ruth Barabash, *Planète,* 2002, Guache auf Papier

durchzogen sind? Wie kam sie zu einer Hydrosphäre, aus der so vielgestaltige Lebensformen hervorgehen konnten? Während die Begeisterung für *canali* bauende Marsianer hohe Wellen schlug, stellte Svante Arrhenius die Theorie auf, dass lebendige Partikel entweder mithilfe von „Radio-Panspermie" auf die Erde gekommen seien, also auf Lichtstrahlen aus dem All zu uns reisten, oder dass Mikroben und Sporen durch Meteoriten auf die Erde gebracht wurden. Bis vor Kurzem dachte man, dass das Wasser mit den häufigen Meteoritenschauern zusammen die Erde erreichte, die in ihrer Entstehungszeit auf sie niedergingen, doch der Astrophysiker Martin Ward sagt dazu:

> „Jüngere Beobachtungen deuten darauf hin, dass die Isotopenverhältnisse von Wasser, also das Verhältnis von H_2O zu D_2O (Deuterium ist ein Isotop von Wasserstoff), in Kometen nicht dasselbe ist wie [im Wasser] auf der Erde. Inzwischen glaubt man, dass Asteroiden beträchtliche Mengen

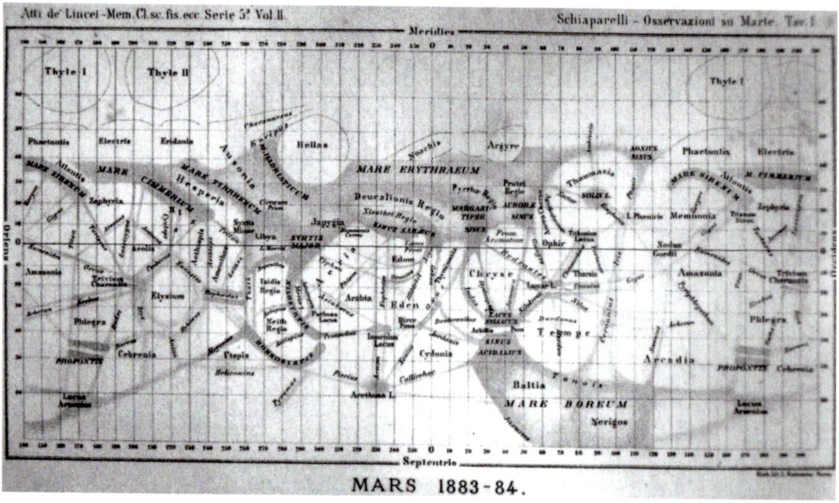

OBEN Karte der *canali* auf dem Mars von Giovanni Schiaparelli, 1888

Wasser enthalten könnten und dass ihre Einschläge auf der Erde während des sogenannten „späten schweren Bombardements" vor etwa 4 Milliarden Jahren die Quelle für einen großen Teil des Wassers auf der Erde gewesen sein könnten."[2]

Noch heute gibt es keinen wissenschaftlichen Konsens über den Ursprung des Wassers auf der Erde.[3] Jedoch liefern die von Charles Darwin und Louis Pasteur entwickelten Überlegungen eine überzeugende Vision der chemischen Evolution, in der Sonnenlicht und Radioaktivität für ausreichend Wärme und Energie für die Erzeugung von Wasser sorgten und eine lebhafte Interaktion zwischen Aminosäuren, Kohlenmonoxid, Kohlendioxid, Stickstoff und anderen organischen Stoffen die Entstehung lebender Zellen mit eigenen Stoffwechsel- und Reproduktionsprozessen ermöglichten.

DIE EIGENSCHAFTEN VON WASSER

Als vor etwa 2 Milliarden Jahren durch die Fotosynthese eine Atmosphäre mit Sauerstoff entstand, konnten sich multizelluläre Organismen entwickeln. Das war der Startschuss für die Biota (Flora und Fauna) der Erde: von den verschnörkelten Schalen kambrischer Meeresfossilien über üppig bezahnte jurassische Bestien bis zu den zweifüßigen haarlosen Affen, die sich Kanäle auf dem

Mars vorstellen konnten. Doch die ältesten Zellen, die je auf dem blauen Planeten gefunden wurden, kamen aus den Tiefen seiner Ozeane. Das Leben auf der Erde spielte sich für den Großteil ihrer Geschichte im Wasser ab, wo es fast 4 Milliarden Jahre lang in der Tiefe von sich hin schmorte und es erst vor etwa 450 Millionen Jahren an Land schaffte. In dieser Hinsicht treffen die zahlreichen kulturellen und historischen Erklärungen zu, die auf der Vorstellung „Wasser ist Leben“ oder „alles Leben kommt aus dem Wasser“ basieren, auch wenn ihre Allgemeingültigkeit durch die Erforschung anderer Himmelskörper auf den Prüfstand gestellt wird.[4] Philip Ball merkt dazu an:

> „Jüngst bestätigte Erkenntnisse, dass es mindestens einen Himmelskörper gibt, der reich an organischen Molekülen ist, auf dem Flüsse und vielleicht Meere mit wasserfreier Flüssigkeit angefüllt sind – die flüssigen Kohlenwasserstoffe auf Titan –, könnten nun die Frage mehr in den Vordergrund rücken oder ihr sogar Dringlichkeit verleihen, ob Wasser wirklich eine einzigartige und universelle Matrix des Lebens ist oder nur diejenige, die auf unserem Planeten existiert.“[5]

UNTEN Asteroid vor dem Einschlag

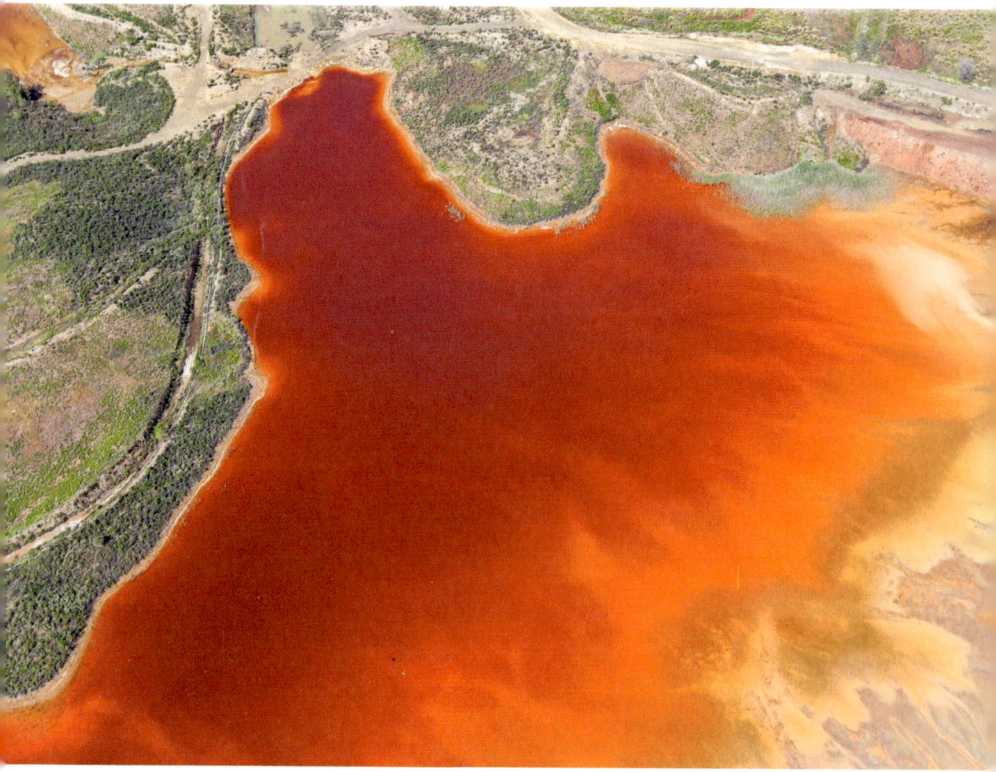

OBEN Oxidierte Eisenmineralien in Wasser, Rio Tinto (Roter Fluss), Provinz Huelva, Spanien

Wenigstens auf der Erde jedoch sind mehrzellige Organismen in der Tat von den speziellen Eigenschaften des Wassers abhängig. Was also sind das für Eigenschaften? Vor allem verbindet Wasser: Seine Moleküle sind an einem Ende stärker negativ und am anderen stärker positiv geladen, was dazu führt, dass es nicht nur mit sich selbst eine Bindung eingehen, sondern mit einer Vielzahl anderer Substanzen komplexe Moleküle bilden kann. Doch wie bei allen Materialeigenschaften des Wassers lässt sich dieser Vorgang umkehren: Wasser kann auch „dissoziieren“, also die Substanzen freigeben, mit denen es sich verbunden hat. Seine Fähigkeit, sich zu trennen und neu zu verbinden, macht es zu einem „universellen Lösungsmittel“, das andere chemische Substanzen wie Sauerstoff und Nährstoffe durch lebende Organismen wie den Menschen transportieren und in ihnen hinterlassen kann. Diese Eigenschaft bedeutet natürlich auch, dass Wasser leicht kontaminiert werden und schädliche statt nützliche Substanzen befördern kann. Doch ein weiterer Vorteil dieser Bindungsfähigkeit besteht darin, dass Wasser Abfall- und Giftstoffe aufnehmen und sie aus Organismen und ihren inneren Wassersystemen entfernen kann.

Die Eigenschaften des Wassers als Lösungsmittel waren von zentraler Bedeutung für die Evolution: Es löste viele der einfachen organischen Verbindungen in der frühen Erdatmosphäre und trug zur Bildung komplexerer Verbindungen bei. Die ersten lebenden Zellen – diejenigen, die sich fortpflanzen konnten – entstanden als mikroskopisch kleine Wasserpflanzen (Phytoplankton), die Energie von der Sonne bezogen, während sie durch die Meere trieben. Und als sich mehrzellige Organismen ausbildeten, hatten sie flüssige innere Systeme, in denen Wasser die Aufnahme von Nährstoffen und den Ausstoß von Abfallstoffen ermöglichte. Blut enthält mehr gelöste Flüssigkeiten als jede andere Substanz, weshalb Johann Wolfgang von Goethe (1749–1832) es als die komplizierteste Verbundflüssigkeit der Erde bezeichnete.[6] Die verbindenden Eigenschaften des Wassers sind auch entscheidend für die elektrochemische Übertragung. Wasser bringt nicht nur Blut und andere lebenswichtige chemische Stoffe zum Gehirn, sondern unterstützt auch das elektrische Potenzial der Gehirnneuronen und ist damit im wörtlichen Sinne ein „Bewusstseinsstrom“.

RECHTS Der Rhône-Gletscher im 19. Jahrhundert

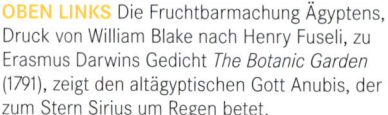

OBEN LINKS Die Fruchtbarmachung Ägyptens, Druck von William Blake nach Henry Fuseli, zu Erasmus Darwins Gedicht *The Botanic Garden* (1791), zeigt den altägyptischen Gott Anubis, der zum Stern Sirius um Regen betet.

OBEN RECHTS Maria Sibylla Merian, *Sea Purslane and Surinam Toad,* ca. 1701–1705

Die molekulare Zusammensetzung des Wassers ist auch entscheidend für eine seiner hervorstechendsten materiellen Eigenschaften: die Fähigkeit, physikalisch seine Form zu verändern, von Eis zu Flüssigkeit und von Flüssigkeit zu Dampf. Und das auf jeder Mikro- und Makroebene: Die Transformationen, die im Haushalt zwischen Wasserkessel, Kühlschrank und Gefrierfach stattfinden, spiegeln sich auf planetarer Ebene, wenn Wasser aus Gletschern schmilzt, durch Landschaften fließt und zu Wolken aufsteigt. Wasser kann nicht nur zwischen Formen hin und zurück wechseln, es ist auch in ständiger Bewegung: Es fließt im Zickzack Abhänge hinunter (auch das wegen seiner Molekularstruktur) und bildet in Flüssen Strudel. Es steigt in Wellen auf und kräuselt sich im Wind. Es verdunstet unsichtbar in die Luft. In durchsichtigen und undurchsichtigen Wassermassen flimmert Licht. Wasser zeichnet sich also durch Bewegung und Transformation aus.

RECHTS
Whangarei Falls, ein 26,3 m hoher Wasserfall in Neuseeland

Wasser bewegt sich auch auf subtilere, schleichendere Weise fort: Seine Molekularstruktur macht es möglich, dass es dank der Kapillarwirkung in andere Körper einsickert, sie durchdringt und sich durch sie hindurchbewegt. Aufsteigendes Grundwasser hält die Böden feucht und produktiv, sodass Pflanzen Nährstoffe in ihre inneren Systeme für den Flüssigkeitentransport ziehen können. Darin liegt ein weiterer großer Beitrag, den Wasser zur Erhaltung des Lebens leistet: durch Verdunstung und Transpiration und durch seine Fähigkeit zu befeuchten erhält es das Flüssigkeitsgleichgewicht alles Lebendigen

Rerum AQVA principium, chaos, et fons eſt, et origo,
Frugibus vnde vigor ſeminibusque venit.
Squamigeros homini piſces alimenta ministrat;
Et quo nauigijs tranſeat, aptat iter.
Adrian. Collaert invent. ſculp. et excud.
Corn. Kil. Duffl.

OBEN Adriaen Collaert, *De vier elementen: Aqua,* um 1580

aufrecht. Und auf einer höheren Ebene stabilisiert es durch seine spezifische Wärme[7] und die gewaltigen Meeresströmungen die Temperaturen der Meere, die sonst weitaus extremere Variationen zeigen würden und deutlich weniger angenehm für die Myriaden Arten wären, die in ihnen leben.

Ebenso entscheidend ist der Wasserhaushalt für die Erdatmosphäre und die Entstehung von Feuchtigkeit, Niederschlägen etc. Michael Allaby sagt dazu: „Das Wetter besteht hauptsächlich aus Wasser in der einen oder anderen Form."[8] Im Wesentlichen bewegt sich Wasser unter ständiger Veränderung seiner Form in Reaktion auf Temperatur und Druck über den Planeten, erscheint hier als Schnee, dort als sintflutartiger Regen und meidet wenigstens einen Teil des Jahres die heißen Breitengrade um den Äquator. Neben der Temperatur gehört die Frage, ob es regnen wird oder nicht und in welcher Geschwindigkeit der Regen heranzieht, zu den entscheidendsten für alle Lebewesen.

Die Frage, woher das Wasser stammt, hat die menschliche Vorstellungskraft daher lange beschäftigt. Antike Zivilisationen glaubten, dass wohlwollende Gottheiten den Regen entweder zur Unterstützung ihrer Vorhaben schickten oder ihn fernhielten (oder zur Strafe große Mengen schickten), wenn die Menschen sich schlecht benahmen. Viele erkannten eine Beziehung zwischen der Sonne und dem Wasser und definierten sie oft als kollaborative Hauptgottheiten.

Es gab auch frühe weltliche Bemühungen, die Welt in materieller Hinsicht zu analysieren. Die Chinesen definierten fünf Elemente – Erde, Wasser, Feuer, Holz und Metall – und die Griechen vier: Erde, Luft, Wasser und Feuer. Die Griechen beschäftigten sich auch mit *archē,* dem Konzept einer Ursubstanz. Heraklit, der den unaufhaltsamen Lauf der Zeit mit dem berühmten Ausspruch beschrieb,

UNTEN Athanasius Kircher, Illustration aus *Mundus Subterraneus* (um 1664)

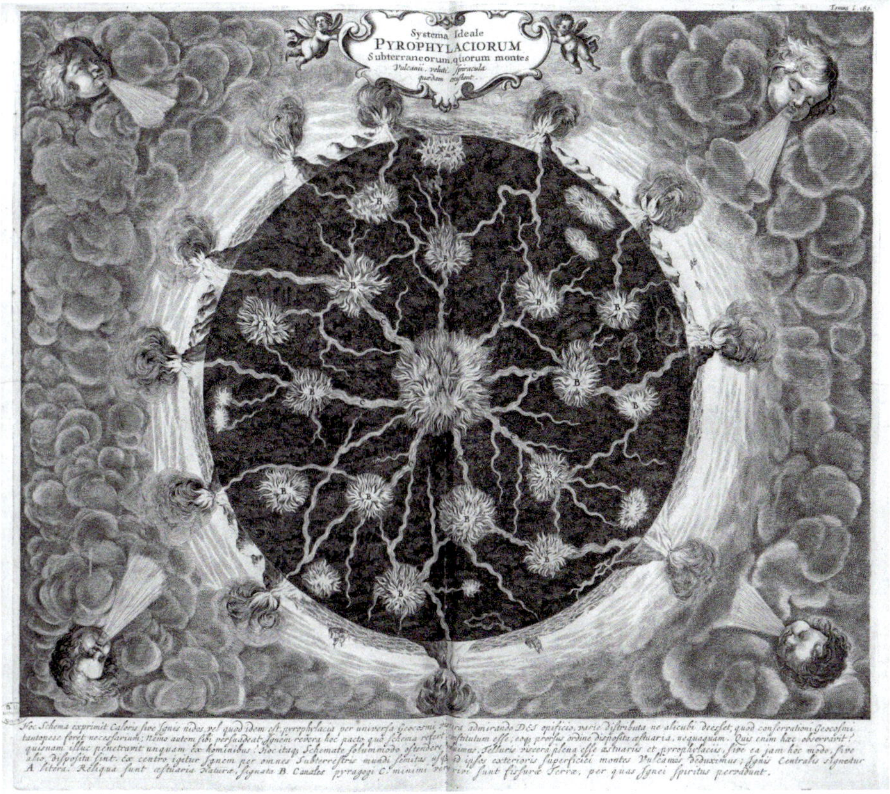

man könne nicht „zweimal in denselben Fluss steigen", hielt Feuer für das Urelement, aus dem alle Dinge entstanden. Andere glaubten, dass sich *archē* aus Wasser und Feuer zusammensetzte. Thales von Milet, der „Vater der Wissenschaft", stellte die kosmologische These auf (später aufgegriffen von Aristoteles), dass die Welt aus dem Wasser entstanden sei.

In der Überlegung, woher das Wasser stammt, schienen Quellen einen guten Anhaltspunkt zu liefern, was frühe Gelehrte zu der Annahme verleitete, dass das Wasser aus einem gewaltigen unterirdischen Reservoir aufsteigt, das Aristoteles Tartaros nannte. Auch Platon stellte sich riesige Höhlen unter der Erde vor. Die Idee, dass Flüsse und Bäche tief aus der Erde entspringen, hielt sich bis ins 18. Jahrhundert.

Doch es gab auch unumstößliche Beweise dafür, dass Wasser von oben herabfiel, und ohne das Konzept einer Atmosphäre oder Hydrosphäre stellten sich viele Gesellschaften Flüsse im Himmel und unter der Erdoberfläche vor. Die alten Griechen glaubten, die Erde sei von einem wirbelnden Wasserstrom umgeben, den sie Okeanos nannten – eine Benennung, die auf eine obere Welt hinwies, in der sich Land und Wasserlandschaften der unteren Welt wiederholten. Die Milchstraße taucht in einer Reihe kosmologischer Erklärungen als Fluss auf: Im frühen Ägypten dachte man, dass der Nil zwei Wesen habe, ein erdgebundenes und „das andere, den himmlischen Nil, der über den Himmel fließt und als leuchtender Fluss zu sehen ist".[9] Die alten Chinesen nannten ihn Tiān Hé, den Himmlischen Fluss, oder Yin He, den Silbernen Weg; Die Akkadier beschrieben ihn als den Fluss des Abgrunds und die Inder als das Bett des Ganges.[10] Mittelsteinzeitliche Jagd- und Sammelgemeinschaften auf dem Baltikum stellten sich eine dreischichtige Welt vor – Himmel, Mitte (Erde) und Unterwelt –, die durch einen kosmischen „Fluss" verbunden war,[11] und in der Kultur der australischen Aborigines sah man in den funkelnden Sternen der Milchstraße einen „Himmelsfluss" sich durch Sternbilder schlängeln, die ihre Totems darstellten.

OBEN *Seven Sisters (Milky Way) Dreaming,* 2009, von der Aborigine-Künstlerin Gabriella Possum Nungurrayi, Acryl auf Leinwand

Durch verschiedene kulturelle Brillen erkannten die Menschen auch den Einfluss von Himmelskörpern auf Wasser. Im Mittelpunkt vieler religiöser Erklärungen standen Sonnen- und Mondgottheiten, und es gab unterschiedliche Vorstellungen darüber, wie das Wasser tatsächlich auf die Erde gelangte. So besagten die Theorien der griechischen Stoiker, in denen die Vorstellungen der alten Maya über Wasser und Fruchtbarkeit mitschwangen, dass Tau an den Mondstrahlen entlang zur Erde gelangte und magische Kräfte habe. Diese Überzeugung führte dazu, dass er gesammelt und in der frühen europäischen Alchemie eingesetzt wurde; diese Praktik hielt sich in ländlichen Gegenden noch bis ins 20. Jahrhundert.[12] Hippokrates ging sogar so weit, eine materielle Beziehung zwischen Wasser und der Sonne zu postulieren. Seiner Ansicht nach gab es zwei Arten von Wasser, helles und dunkles, wobei letzteres von der Sonne angezogen und erhoben würde.[13] Seine Verdunstungsexperimente legten das Fundament für das Konzept, dass sich die Eigenschaften der physikalischen Welt durch Experimentieren aufdecken lassen.

Angeregt durch diese frühen Streifzüge ins wissenschaftliche Denken rätselten wissbegierige Geister weiter über die Elemente und ihre materielle Zusammensetzung. Der Schweizer Wissenschaftler Philippus von Hohenheim, besser bekannt als Paracelsus (1493–1541), stellte die These auf, dass Luft zu Wasser werden kann. Bevor bekannt war, dass Pflanzen über die Fotosynthese CO_2 aus der Atmosphäre ziehen, untermauerte ein flämischer Chemiker namens Jan Baptist van Helmont (1579–1644) diese Ansicht durch ein Experiment: Er zeigte, dass ein Weidenzweig, dem man nichts als Regenwasser gab, sein Gewicht in fünf Jahren von 2,3 auf 74,4 kg erhöhte. Daraus schloss er, dass Wasser und Luft die einzigen beiden Schlüsselelemente seien und dass Wasser sowohl zu organischer als auch zu anorganischer Materie werden könne.

Da die Landwirtschaft überzeugende Beweise für diese These zu liefern schien, war dies für das nächste Jahrhundert die vorherrschende Meinung. Erst im 18. Jahrhundert wurde wissenschaftlich nachgewiesen, dass Wasser aus Sauerstoff und Wasserstoff besteht. Es gibt mehrere Anwärter dafür, wer als Erster zu dieser Schlussfolgerung gelangte, doch die Lorbeeren (zumindest für die schnellste Veröffentlichung) erntete ein Engländer – ein Geistlicher mit dem passenden Namen Joseph Priestley –, der 1774 seine Entdeckung eines neuen Gases beschrieb, des Sauerstoffs. Inzwischen zeigte Antoine-Laurent Lavoisier (1743–1794) in Paris, dass Wasser sich durch das Verbrennen eines Elements herstellen ließ, das er Wasserstoff nannte.[14] Die erste Vision von Wasser in molekularer Form lieferte der „Gründer der Atomtheorie" John Dalton (1766–1844), ein Physiker, Chemiker und Meteorologe (und zudem Quäker) aus dem Norden Englands.[15] Auf der Grundlage dieser Arbeit bewies dann der schwedische Che-

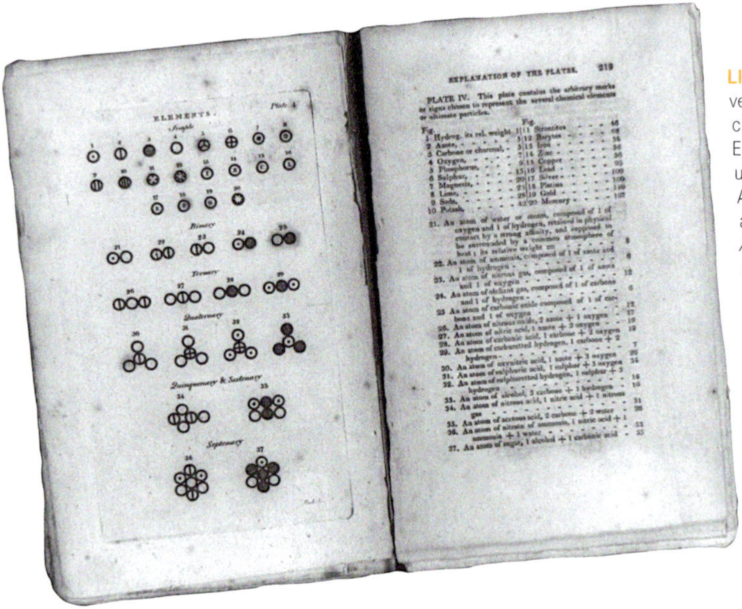

LINKS Tabelle mit verschiedenen chemischen Elementen und ihren Atomgewichten, aus John Dalton, *A New System of Chemical Philosophy* (1808–1827)

miker Jöns Jakob Berzelius (1779–1848), dass das Verhältnis von Wasserstoff zu Sauerstoff in Wassermolekülen 2:1 beträgt, und lieferte damit die Definition von Wasser als H_2O oder HOH.

Zur selben Zeit untersuchten Wissenschaftler wie der schwedische Astronom Anders Celsius (1701–1744) und Martin Strömer (1707–1770) die Eigenschaften des Wassers und bestimmten seinen Gefrier- und Siedepunkt.[16] Der deutsche Erfinder Daniel Gabriel Fahrenheit (1686–1736), der eine eigene Skala entwickelte, fand heraus, dass diese mit dem Luftdruck variiert. Hoch oben in den Anden, wo das Wasser bei geringeren Temperaturen seinen Siedepunkt erreicht, kann es daher sehr lange dauern, ein Ei zu kochen.

WASSER IN BEWEGUNG

Neben der Dekonstruktion von Wasser als Element beschäftigte die Wissenschaft auch weiterhin die Frage, wie es sich durch die Welt bewegte. Das zentrale Narrativ der modernen Hydrologie besteht in der Überwindung der Hypothese der unterirdischen Reservoirs und der Vorstellung eines hydrologischen Kreislaufs. Der vorchristliche römische Architekt und Ingenieur Vitruvius lieferte ein wichtiges Stück des Puzzles, als er erkannte, dass unterirdische Wasserquellen durch Regen und Schneeschmelze gespeist werden. Doch die erste kohärente wissenschaftliche Vorstellung eines Kreislaufs stammte von Leonardo da Vinci (1452–1519), der Wasser als die treibende Kraft aller Natur beschrieb und verdeutlichte, dass das Wasser in den Flusssystemen der Welt diese wiederholt durchfließt.[17]

Das bedeutet aber nicht, dass frühere Kulturen sich die Bewegungen des Wassers nicht als zyklisch und jahreszeitlich bedingt vorstellten. In der Vorstellung der australischen Aborigines beispielsweise entstehen Regenbögen bzw. die „Regenbogenschlange" durch den Kreislauf des Wassers über und unter der

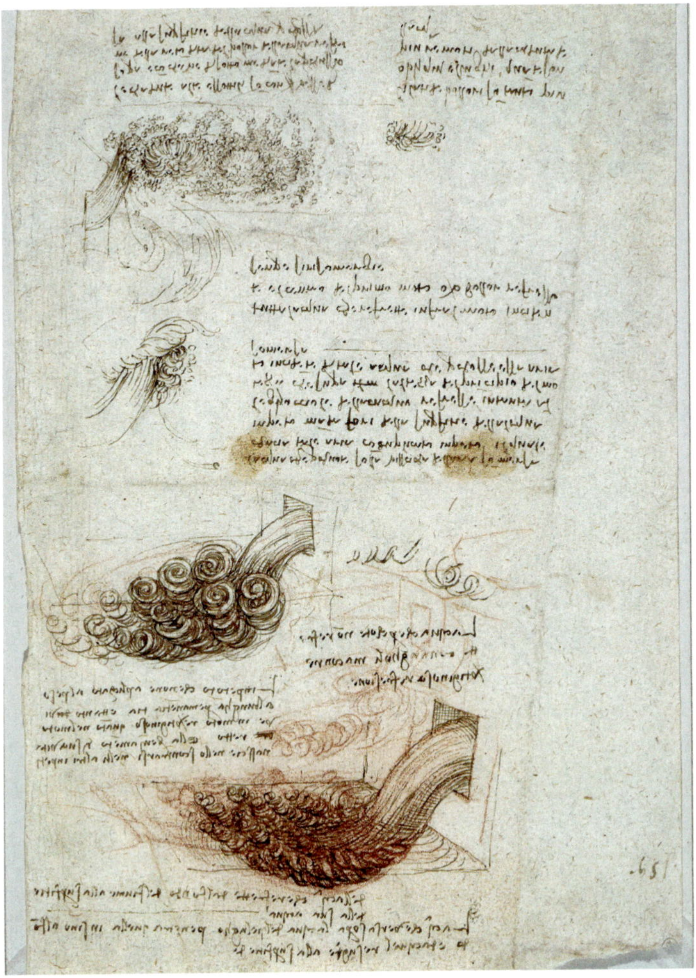

RECHTS Studien fließenden Wassers von Leonardo da Vinci, aus dem *Codex Leicester,* 1506–1513

Erde in Verbindung mit der Entstehung von Leben aus einer heiligen Landschaft, und dieses größere Konzept ist eng mit einem detaillierten lokalen Verständnis von Niederschlagsmustern und Wasserbewegungen auf und unter dem Land verknüpft.[18]

Auch wenn solche lokalisierten ethnowissenschaftlichen und hydrotheologischen Erklärungen auf langfristigen Beobachtungen empirischer Belege basieren, schaffen sie jedoch eher selten den Sprung in wissenschaftliche Mainstream-Narrative wie die „Hydrologie", die auf globaler Ebene im Mittelpunkt stehen, obwohl sie in spezifischen geografischen Regionen entstanden. Diese dominanteren Diskurse legen den Schwerpunkt auf Experimente und „Beweise", indem sie etwa davon berichten, wie Edme Mariotte und Pierre Perrault im 17. Jahrhundert Niederschlag und Stromabfluss im Einzugsgebiet der Seine analysierten und wie Edmund Halley berechnete, dass die Verdunstung aus dem Mittelmeer dem Oberflächenabfluss in der Region entspricht.[19]

Selbst diese wissenschaftlichen Befunde blieben eine Zeit lang mit religiösen Kosmologien verknüpft. Jamie Linton erwähnt eine wichtige Beziehung zwischen christlichen theologischen Überzeugungen des 17. und 18. Jahrhunderts, in denen Gott ein großer Plan zugeschrieben wurde, und aufkommenden wissenschaftlichen Konzepten, in denen Gelehrte sich bemühten, hydrologische Prozesse zu entschlüsseln.[20] Unter der Annahme, dass Gott alles lenkte, bevorzugte die christliche „Naturtheologie" eine Vorstellung, in der die Wasserbewegungen zuverlässig kontrolliert wurden: Der Regen kommt regelmäßig und in verträglichen Mengen (sofern nicht die Menschen Gottes Gesetze brachen und Strafe verdient hatten – hier hallten weiterhin frühere Glaubenssysteme nach).

In Koran und Bibel gibt es ähnliche Narrative über den Regen als Produkt monotheistischer Güte, und in der frühen Hydrologie hatten das alte Ägypten und benachbarte Regionen eine beachtliche intellektuelle Führungsrolle inne. Im Laufe der Zeit jedoch gingen Perspektiven aus trockenen Gebieten in Vorstellungen von einer zuverlässigen Versorgung mit Wasser durch einen Gott auf, die in gemäßigteren nördlichen Klimazonen entstanden, und diese bildeten das Zentralmotiv in den ersten Konzepten des hydrologischen Kreislaufs. Mit zunehmender Anerkennung der materiellen Prozesse, über die das Wasser sich durch die Welt bewegt, führten hydrologische Erklärungen zu einem neuen hybriden Konzept, das Yi-Fu Tuan als den „hydrotheologischen Kreislauf" beschreibt.[21]

Als sich im 19. und 20. Jahrhundert die „rationale" Wissenschaft und der Glaube immer stärker voneinander entfernten, ging der Glaube an eine wohlwol-

OBEN Aufsteigender Dampf aus einer heißen Quelle in Wai-O-Tapu in Neuseeland

lende lenkende Gottheit in weltliche Vorstellungen eines von der Natur gesteuerten hydrologischen Prozesses über. So beschreiben Walter Langbein und William Hoyt den Wasserzyklus als „einen der großen Pläne der Natur", eine offensichtlich naturgegebene „Maschine" der Wasserbewegungen.[22]

„Der hydrologische Kreislauf ist das grundlegendste Prinzip der Hydrologie. Wasser verdunstet aus den Ozeanen und von den Landflächen, wird im atmosphärischen Kreislauf als Wasserdampf über die Erde getragen, geht wieder als Regen oder Schnee nieder, wird von Bäumen und Vegetation aufgefangen, fließt auf der Landfläche ab, dringt in Böden ein, füllt das Grundwasser auf, fließt in Flüsse und schließlich in die Ozeane ab, aus denen es irgendwann wieder verdunstet.

Diese gewaltige Wassermaschine, angetrieben von der Sonnenenergie, beeinflusst von der Schwerkraft, setzt sich in Gegenwart oder Abwesenheit menschlicher Aktivitäten immer endlos fort."[23]

Wie also die christliche Naturtheologie mit ihrer Vorstellung eines großen Plans zu einer negativen Sicht auf trockene geografische Regionen geführt hatte, festigten Experimente, die vorwiegend in gemäßigten Klimazonen durchgeführt wurden, die Vorstellung von Trockengebieten als hydrologisch funktionsgestört. Beide gingen von einem zuverlässigen Wasserkreislauf aus und unterstellten – mit großen Auswirkungen auf die Entwicklungen in Wassernutzung und Wassermanagement –, dass in trockeneren geografischen Gebieten oder in Regionen mit variableren Niederschlagsmustern etwas moralisch „nicht stimmte" (und korrigiert werden musste). In Wirklichkeit bewohnen menschliche Gesellschaften höchst unterschiedliche hydrologische Umgebungen und haben sich entweder erfolgreich an spezifische lokale Bedingungen angepasst oder sich in dem Versuch, einer idealisierten hydrologischen Vorstellung zu entsprechen, mit immer stärker steuernden Technologien und ebenso extremen ökologischen Auswirkungen über sie hinweggesetzt.

WASSERGRENZEN

> „Wasser, Wasser überall /
> Und nirgends ein Tropfen zu trinken."[24]

Die Erde mag der blaue Planet sein, aber 93,3 Prozent ihres Wassers befinden sich in den Meeren und enthalten Salz in unterschiedlicher Menge. Süßwasser findet sich entweder in Flüssen und Seen, ist in Grundwasserschichten und unterirdischen Becken gespeichert oder liegt als Eis vor. Die größte Süßwasserreserve des Planeten halten die Gletscher in den Hochgebirgen jedes Kontinents mit Ausnahme von Australien. Etwa ein Drittel der Weltbevölkerung und ein beachtlicher Anteil der Pflanzen- und Tierarten sind über das jahreszeitliche Schmelzwasser von ihnen abhängig; das Schrumpfen der Gletscher aufgrund des Klimawandels hat daher bedeutende hydrologische Auswirkungen. Die Gletscher ziehen sich rasch zurück. Vor dreißig Jahren sah und hörte man noch viele von ihnen sich ihren Weg durch tiefer gelegene Bergtäler malmen. Heute, nur wenige Jahrzehnte später, haben sie sich in die höher gelegenen Gebiete der Gebirge zurückgezogen.

Unter der Erdoberfläche liegt das Wasser in verschiedenen Tiefen, und wo die Bodenporen oder Felslücken vollständig gesättigt sind, befindet sich der Grundwasserspiegel. Das Grundwasser wird mit den Jahreszeiten durch Schmelzwasser von Gletschern und Schnee sowie durch Regenfälle immer wieder aufgefüllt, aber zum größten Teil besteht es aus fossilen Reserven, die sich über die gesamte geologische Zeitskala durch vorrückende und zurückweichende Eiszeiten angesammelt haben. Eine Überbeanspruchung (die Entnahme von mehr Wasser, als jährlich wieder zufließt) bedeutet daher, dass in vielen Teilen der Welt der Grundwasserspiegel fällt, teilweise in unerreichbare Tiefen. Weil die meisten Niederschläge auf den größeren Flächen der Ozeane niedergehen, ist diese Entnahme außerdem zu einem Viertel für das jährliche Ansteigen der Meeresspiegel verantwortlich.

UNTEN Nordseestrand, Deutschland

LINKS Gletscher am Mount Cook, Neuseeland

Die Ozeane, wie Aristoteles richtig vermutete, liefern einen großen Teil des Süßwasser, das in die Atmosphäre gezogen wird und als Regen niedergeht. Betrachten wir dabei einmal nur das Volumen, so schätzten Poul Astrup und sein Team, dass die jährliche Nettoverdunstung in die Erdatmosphäre aus den Ozeanen etwa 430 000 km^3 beträgt und von den Kontinenten rund 70 000 km^3. Da jedoch die Gebirge Wolken und Regen abfangen, gehen rund 110 000 km^3 Regen über den Landmassen nieder, was einem Nettoüberschuss von rund 40 000 km^3 pro Jahr entspricht.[25] Doch natürlich ist dieser Überschuss alles andere als gleichmäßig über den Globus verteilt.

In dieser Hinsicht ähnelt das planetare Fluidsystem der Erde dem seiner vielgestaltigen Lebensformen. Einige Teile enthalten weniger Wasser als andere, aber auch in diesen ist Wasser lebenswichtig für die erfolgreiche Aufrechterhaltung des Lebens. Alle Biota sind von der Bewegung des Wassers durch Luft, Boden und Zellen abhängig, und alle sind durch Wasser verbunden. Dieses Gefühl der Verbundenheit findet einen schönen Ausdruck in Wladimir Wernadskis Konzepten.[26] In den 1920er-Jahren begeisterte sich Wernadski für frühe griechische Debatten über die Erde und ihr Wasser und für Johannes Kepler (1571–1630), einen deutschen Mathematiker und Astronomen, der die Erde als lebendes Wesen beschrieb, das aus fühlenden, interaktiven Partikeln besteht[27] – lange, bevor James Lovelock den griechischen Begriff *Gaia* wiederauferstehen ließ.

Wernadski hob hervor, dass nicht nur alle Lebensformen aus den Ozeanen gekommen waren, um die *terra firma* zu bevölkern, sondern auch durch das Fließen von Wasser zwischen ihnen materiell miteinander verbunden blieben. Diese Vorstellung einer lebendigen, ineinandergreifenden Biosphäre wurde von Gelehrten wie Lynn Margulis und Dianna und Mark McMenamin aufgegriffen, um die „Symbiogenese“ von Flora und Fauna zu beschreiben, die in den Worten der McMenamins ein „Hypermeer“ (im englischen Original „Hypersea“, auf Deutsch auch manchmal als „Hypersee“ bezeichnet) von durch Wasser verbundenen Biota enthielt, in dem die Menschheit nicht etwa die Brust herausdrückt und rittlings über der Erde thront wie ein Koloss, sondern viel bescheidener als eine der Myriaden Arten präsentiert wird, die an einem größeren Strom des organischen Lebens teilhaben.[28]

2 LEBENDIGES WASSER

DAS MEER IN UNS

Es fällt unter anderem deshalb nicht schwer, sich ein „Hypermeer" vorzustellen, das alles Lebendige verbindet, weil Wasser sich in jeder Größenordnung ähnlich verhält. In einem mikrokosmischen Echo planetarer Kreisläufe fließt Wasser selbst durch die kleinsten Organismen in „Hypomeeren", wie wir sie nennen könnten, die alle ihre Teile verbinden. Im menschlichen Körper vermittelt Wasser also wie in größeren Systemen Interaktionen zwischen all den verschiedenen Materialien und Prozessen, die bei der Erhaltung des Lebens eine Rolle spielen. Und wie in der größeren Umgebung hängt die Veränderlichkeit dieser Materialien sowohl von ihrer Molekularstruktur als auch von ihrem Wassergehalt ab. Noch heute, Millionen Evolutionsjahre nachdem Biota den Ozeanen entstiegen, besteht der Körper des Menschen zu rund 67 Prozent aus Wasser.[1] Menschliche Zähne sind in dieser Welt das Gestein mit knapp über 12 Prozent Wassergehalt. Knochen, das Bauholz des Körpers, bestehen zu 22 Prozent aus Wasser. Hirngewebe enthält wie ein fruchtbares, ressourcenreiches Feuchtgebiet rund 73 Prozent Wasser, und Blut – auch wenn es dicker ist als Wasser – besteht zu 80 bis 92 Prozent aus H_2O.

Rund zwei Drittel des Wassers im menschlichen Körper sind „intrazellulär", befinden sich also in den Zellen. Das letzte Drittel besteht aus „extrazellulären" Flüssigkeiten wie Blutplasma und „transzellulären" Flüssigkeiten, die die Zellen umgeben, sie mit Nährstoffen und Sauerstoff versorgen und Stoffwechselprodukte abtransportieren. Die Eigenschaften des Wassers als universelles Lösungsmittel sind von zentraler Bedeutung für all diese komplexen chemischen Prozesse. Es unterstützt die Verdauung, indem es Saccharose per Hydrolyse in Glukose und Fruktose zerlegt, die von den Körperzellen genutzt werden können. Es hält Schleimhäute feucht, reguliert die Temperatur, schmiert Gelenke, befeuchtet die Haut und dient in Augen, Wirbelsäule und natürlich in der Gebärmutter als Stoßdämpfer.

LINKS Muriwai Beach, Neuseeland

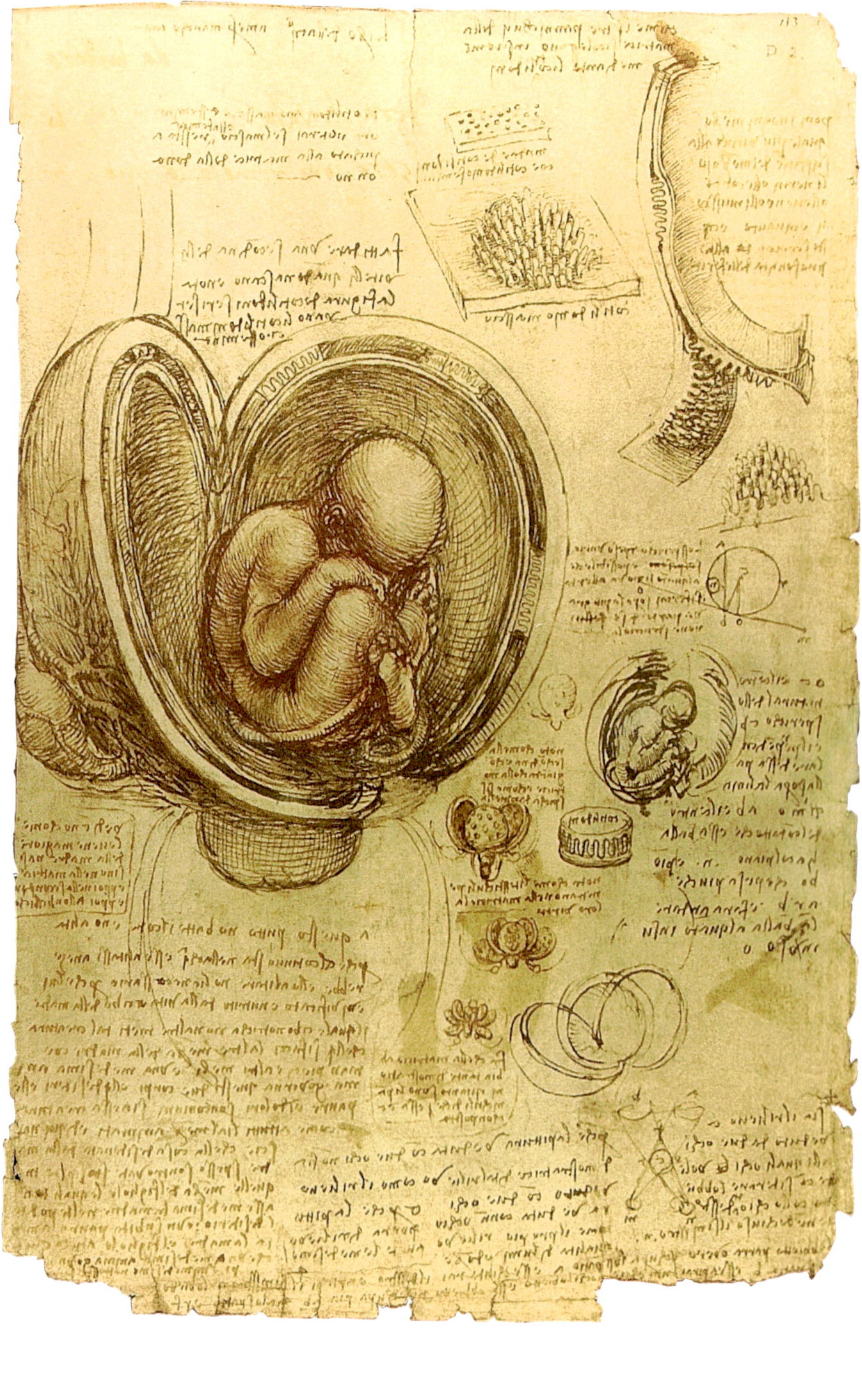

Wie die meisten von uns vielleicht noch aus dem Biologieunterricht wissen, fließt das Wasser in zwei hydraulischen Systemen durch unseren Körper: Durch ein aktives Blutkreislaufsystem, angetrieben vom Herzmuskel (Blut wird aus dem Herzen über die Arterien bis in die Kapillaren gepumpt und kehrt über die Venen zum Herzen zurück), und ein eher passives Lymphsystem, das von Körperbewegungen abhängig ist. Eine ständige Versorgung mit Wasser ist lebenswichtig: Der menschliche Körper kann nicht viel Wasser speichern und verliert zwei bis drei Liter pro Tag - etwa die Hälfte durch Ausscheidungen und die andere Hälfte durch Atmung und Schwitzen. Ein großer Teil der Wasserversorgung erfolgt über Obst und viele Gemüsesorten, die mit etwa 90 Prozent den höchsten Wassergehalt aller Nahrungsmittel haben.

Ohne Wasser sterben Menschen und Tiere innerhalb weniger Tage, auch wenn einige - in zunehmender Qual - mehrere Wochen aushalten können. Übermäßiger Wasserkonsum (wie ihn einige psychische Erkrankungen verursachen) wirkt ebenso verheerend auf den Körper, weil er zu einer gefährlichen Verdünnung des Natriums im Blut (Hyponatriämie) führt und die Zellen überlastet. Eine Überwässerung oder Hyperhydratation hat dieselben Auswirkungen wie Ertrinken in Süßwasser: Die Lunge füllt sich mit Flüssigkeit, der Druck auf Gehirn und Nerven löst Verhaltensweisen aus wie unter Alkoholeinfluss, das Anschwellen von Hirngewebe führt zu Krampfanfällen, Koma und schließlich zum Tod.

Ein ausgeglichener Wasserhaushalt ist für alle Lebewesen gleich wichtig. Pflanzen, die oft zu einem großen Teil aus Wasser bestehen, sind ebenso wie Tiere von Flüssigkeitstransportprozessen abhängig. Ohne Wasser welken sie schnell und erfahren einen ähnlichen Zellabbau wie bei Überwässerung. Ökosysteme, lokale ebenso wie regionale oder planetare, funktionieren nach ähnlichen Prinzipien und brauchen ebenfalls ein bestimmtes Gleichgewicht ihres Wasserhaushalts - die richtige Menge Wasser in der richtigen Geschwindigkeit zur richtigen Zeit. Auf allen Ebenen hängt das Leben spendende Potenzial von Wasser also nicht nur von seinen Eigenschaften ab, sondern auch von einem sorgfältig ausbalancierten Strom seiner Bewegungen.

Natürlich sind das die Erklärungen eines globalisierten wissenschaftlichen Modells. Spezifische kulturelle Erklärungen hydrologischer Systeme enthalten

LINKS Die Entwicklungsphasen des Fötus in der Gebärmutter, Notizbuchskizze von Leonardo da Vinci, um 1510–1513

OBEN Flachrelief römischer Kriegsschiffe (Biremen), vermutlich Liburner, 113 n. Chr. Aus: „Die Reliefs der Traianssäule" von Conrad Cichorius

ebenfalls Sprünge zwischen Mikro- und Makroprozessen. So ziehen beispielsweise die Kallawaya in den Anden topografische und physiologische hydraulische Systeme zusammen und suchen für das Verständnis der menschlichen Körperfunktionen in ihren heiligen Bergen *(allyu)* und ihren Wasserläufen nach Inspiration.[2] Auch der Körper hat nach dieser Vorstellung eine vertikale Achse mit Leitungen, durch die Blut und Wasser (sowie Luft und Fett) zentripetal nach innen zum Herzen *(sonco)* fließen und dann zentrifugal vom Herzen in die Gliedmaßen. Das *sonco* ist also ein innerer Grundwasserleiter, in dem alle Funktionen – Atmung, Verdauung und Fortpflanzung – kombiniert sind und aus dem sekundäre Flüssigkeiten (Galle, Fäkalien, Milch, Samen, Schweiß und Urin) entfernt werden müssen.

Das Verständnis physiologischer und ökologischer Vorgänge und ihres Bedürfnisses nach einem ausgeglichenen Wasserhaushalt lässt sich leicht auf die Vorstellung erweitern, wie Wasser durch andere materielle Systeme fließt. In häuslichen Umgebungen, in individuellen Wohnstätten ebenso wie in erweiterten urbanen Infrastrukturen, muss Wasser herein- und Abwasser hinausgeleitet werden. Im Gemüsegarten wie auf dem kommerziellen Weizenfeld ist die Wasserversorgung in den richtigen Mengen zur richtigen Zeit unverzichtbar für die Nahrungsmittelerzeugung. Auch Industriezweige brauchen in verschiedenen Phasen ihrer Herstellungsprozesse Wasser, und über viele Jahrhunderte haben Gesellschaften ihre materiellen Produkte über Wasserwege und Meere hinweg transportiert.

WASSER AM FALSCHEN ORT

Die britische Sozialanthropologin Mary Douglas zitierte einmal Lord Chesterfield mit der Bemerkung, Schmutz sei schlicht „Materie am falschen Ort“ und damit ein Hinweis auf ein Ordnungssystem, das in Unordnung geraten ist.[3] Genau so, wie alle materiellen und gesellschaftlichen Vorgänge auf der Welt einen geordneten Wasserfluss erfordern, kann durch die Behinderung dieses Flusses alles in Unordnung gebracht und gestört werden, aber auch durch zu viel Fluss - dann nämlich wird Wasser von der Leben spendenden Nahrung zur invasiven Flut. Wasser kann auch eine wichtige Rolle dabei spielen, Materie „an den falschen Ort“ zu bringen. Seine Fähigkeit, sich auf molekularer Ebene an Schadstoffe zu binden (wenn es etwa Giftstoffe in den Blutstrom transportiert), spiegelt sich in seiner Fähigkeit, Verschmutzungen über größere materielle Barrieren zu bringen: Gülle in Wasserwege, übel riechendes Überschwemmungswasser in häusliche Umgebungen.

Alle Systeme, die vom Wasserfluss abhängen, haben Selbstreinigungsmechanismen, die darauf beruhen, dass Wasser Schadstoffe verdünnt und abtransportiert. Körper und Pflanzen beseitigen unerwünschte Substanzen auf diese Weise

RECHTS
Abwasseraufbereitung in einer Aufbereitungsanlage in Wessex

durch Absonderung und Ausdünstung. Wasseraufbereitungsunternehmen entfernen den Schmutz aus dem Abwasser und verlassen sich dann darauf, dass die Umwelt die Arbeit auf der sogenannten „magischen Meile“ zu Ende führt: So nennt man die Strecke, über die in einem Fluss die restlichen Schadstoffe ausreichend verteilt oder durch Wasserpflanzen und Mikroorganismen absorbiert werden. Im Meer nehmen marine Mikroorganismen Ölverschmutzungen auf und zersetzen sie irgendwann. Und auf diese Weise wird die funktionelle „Ordnung“ des einzelnen Systems - wenigstens theoretisch - wiederhergestellt.

Das impliziert bereits, dass in den zyklischen Bewegungen von Wasser durch Mikro- und Makrosysteme ein empfindliches Gleichgewicht zwischen Kreativität und Entropie besteht. In der Physik wird aktuell postuliert, dass isolierte Systeme meist von der Ordnung zur Unordnung hin degenerieren. Es sind also sowohl die Fähigkeit der einzelnen Systeme, eine Ordnung aufrechtzuerhalten, als auch und vor allem der Strom von Verbindungen zwischen Systemen, die ihren Weiterbestand sichern. Es gab schon einige Experimente mit geschlossenen Wassersystemen. So wird etwa für das Wasserrecycling auf NASA-Raumschiffen in der Zukunft so gut wie jedes Wassermolekül wiederverwendet, das die Lebewesen darin produzieren - Menschen wie Ratten. Ihr Urin und selbst die Feuchtigkeit, die durch Atmung und Schwitzen entsteht, werden vom Umweltkontroll- und Lebenserhaltungssystem auf jeder Station recycelt. Rattenurin (oder Rattenatem) zu trinken, mag wenig verlockend klingen, aber wie der NASA-Experte für Wasseraufbereitung Layne Carter es formulierte: „Es mag abstoßend klingen, aber das Wasser aus den Aufbereitungsgeräten der Raumstation wird sauberer sein als das, was die meisten von uns auf der Erde trinken.“

Dennoch kann ohne die Verzahnung mit anderen Systemen nichts unbegrenzt erhalten bleiben. All die vielen Wasserströme auf der Erde basieren letztendlich auf Verbindungen mit ihrem größten Recyclingsystem - der Hydrosphäre -, und weil die Fähigkeiten dieses Systems, Verunreinigungen zu absorbieren und die Ordnung aufrechtzuerhalten, überlastet werden, sehen wir uns jetzt dem Klimawandel und dem Schreckgespenst eines potenziellen planetenweiten entropischen Chaos gegenüber.

ZURÜCK IN DIE ZUKUNFT

„Am Anfang gab es nichts als Wasser, Wasser, Wasser."
Indisches Stammeslied[5]

Nun begann natürlich auch alles im Chaos. Forschungen zu den Ursprüngen der Erde deuten darauf hin, dass der geordnete Kreislauf des Wassers durch seine zahlreichen organischen Systeme aus dem materiellen Chaos entstand. Den Begriff *khaos,* aus dem van Helmont (ohne zu wissen, wie zutreffend das in einem Sonnensystem war, das aus einer Wasserstoffwolke entstand) später das Wort „Gas" ableitete, verdanken wir den alten Griechen. Sie hatten es in einem weiteren Sinne verwendet, um formlose Prämaterie zu beschreiben - den Raum zwischen Himmel und Erde. Und genau diese Vorstellung, dass Dinge aus der

UNTEN Die Internationale Raumstation (ISS)

Formlosigkeit heraus „Form annehmen", definiert die Beziehung zwischen Ordnung und Chaos: eine Beziehung, die immer im Fluss ist und in der es immer im wahrsten Sinne des Wortes um Leben und Tod geht. Wie das Konzept der „Ressourcen" es so eingängig ausdrückt, lässt sich Wasser (sowie andere materielle Dinge) als Potenzial betrachten – und in diesem Sinn ist Wasser eine Art Überpotenzial, das alle anderen materiellen Ereignisse erst ermöglicht. Doch das Potenzial von Wasser ist dynamisch: Organische Dinge, Lebewesen und Personen können eine Form annehmen, aber als fluide „halbfertige Erzeugnisse" dürfen sie sie nicht behalten.

Weil sie mit dem Bewusstsein für die eigene Sterblichkeit gesegnet und/oder gestraft sind (je nach Standpunkt), war diese den menschlichen Kulturen immer bewusst. Seit den Anfängen des Geschichtenerzählens beschrieben ihre Erzählungen den Fluss des Seins durch die Zeit und drückten auf der Grundlage von Beobachtungen der Bewegungen von Wasser durch die Welt ihre Vorstellungen davon aus, wie wir als Menschen Form annehmen und im Tod in die Formlosigkeit zurückkehren. Menschliche Lebenszyklen auf der Mikroebene wurden in den Schöpfungsmythen verschiedenster Kulturen auf den Kosmos übertragen; in ihnen nimmt die Welt aus dem Nichts heraus „Form an", und alles Lebendige entsteigt schöpferischen Urgewässern. In diesen Geschichten vom wirbelnden *khaos,* von gewaltigen Leben erschaffenden Ozeanen und Leben spendenden Stürmen ist das Wasser buchstäblich primordial, erster Ordnung oder das Chaos vor der Ordnung, die Unordnung, in der die Ordnung sich stets auflösen kann. Im Zusammenhang mit dem hydrotheologischen Kreislauf der australischen Aborigines und seiner mächtigen, schöpferischen Regenbogenschlange finden wir beispielsweise Traumzeitgeschichten, die erzählen, wie Ahnenwesen aus diesem Wasserwesen aufstiegen oder ausgespien wurden, aus den wilden und gefährlichen Gewässern unter dem Land, um alle Landschaftsmerkmale zu erschaffen. Dann sanken sie wieder hinab und verblieben als verborgenes Becken der Ahnenmacht im Land. Dieses Becken ist auch die Quelle der menschlichen Geistwesen, die aus dem Ahnengewässer „hervorspringen" und sich materialisieren oder in menschlicher Form „sichtbar werden". Am Ende des Lebenszyklus kehren alle wieder in ihre wässrige Heimstatt zurück, um sich wieder mit ihren Vorfahren zu vereinen, „werden unsichtbar" und gehen wieder im kollektiven formlosen Potenzial auf.[6]

Wie die australische Regenbogenschlange erscheinen auch andere schöpferische Wassergottheiten vieler Religionen in Schlangenform, in Anklang an die Form des Wassers, in der sie konzeptionell bestehen. In Neuseeland beschrei-

OBEN Aztekisches doppelköpfiges Schlangenornament, ca. 15.–16. Jahrhundert, türkisfarbene Mosaik-Holzschnitzerei

ben die Maori, wie der Wassergott Tangaroa die Welt aus einem Zeitalter des schöpferischen Chaos *(te kore)* heraus erschafft.[7] In ganz Nord- und Südamerika waren mächtige Wasserwesen – die Wasserschlange Paluukong der Hopi, die gehörnte Schlange Awanyu in der Pueblo-Kultur und die gefiederte Schlange Quetzalcóatl der Azteken – schöpferische Urkräfte.[8]

Viele Religionen haben in ihre kosmologischen Erklärungen nicht nur große Konzepte über das schöpferische Potenzial von Wasser integriert, sondern auch ein unmittelbares Verständnis der Fortpflanzung.[9] Dies spiegelt sich in ihren Vorstellungen der Gottheiten, die die Leben spendenden Vorgänge in der Welt verkörpern. Edward Schafer erinnert uns daran, dass eine solche Materie normalerweise aus sowohl weiblichen als auch männlichen Prinzipien besteht oder aus androgynen Kombinationen daraus,[10] die in einander ergänzender schöpferischer Einheit wirken:

> „Sexuelle Mehrdeutigkeit ist typisch für die Regengeister verschiedener Kulturen. Bei den afrikanischen Buschleuten etwa sind die zerstörerischen Gewitterwolken, aus denen Blitze und Hagel entstehen, männlich, während die weichen Wolken, die fruchtbaren, nebligen Regen freigeben, weiblich sind. [...] In der frühesten Literatur Chinas [...] ist der farbige Bogen am Himmel ein Attribut oder eine Manifestation einer schönen Regengöttin.

> Dennoch scheint es im alten China eine linguistische Unterscheidung zwischen männlichen und weiblichen Regenbögen gegeben zu haben. Einige Belege deuten darauf hin, dass *ghung* männlich und *ngei* weiblich war. Gelegentlich traten beide zusammen am Himmel auf."[11]

Solche Vorstellungen ziehen sich durch die Geschichte der Menschheit. Das babylonische Schöpfungsgedicht *Enūma eliš* hat ebenfalls weibliche und männliche Elemente: Tiamat, den „Salzwasserabgrund", und Apsû, den „Süßwasserabgrund". Es beschreibt, wie die Vermischung dieser Urgewässer die Erschaffung der Welt und die Geburt der Götter ermöglichte.[12] Bronzezeitliche Tontafeln mit kanaanäischen Schöpfungsmythen kreisen um die Urmeere von Yam und den Sturmgott Baal. Die Sumerer beschrieben Zu, eine Schlange des Wassers und des Chaos, und in den ägyptischen Pyramidentexten erklärt die „Schöpfer-Urschlange" der ägyptischen Mythologie, sie sei „der Überlauf der Sintflut [...] Die aus dem Wasser erstand."[13]

Historische Verschiebungen von frühen Naturreligionen hin zu vermenschlichteren Gottheiten brachten oft das Bild eines Gottes mit sich, der Kontrolle über die Urgewässer übernahm. Der Koran beschreibt etwa, dass Gott das Wasser zur Grundlage der Schöpfung machte und seinen Thron darauf errichtete.[14] Im 12. Jahrhundert schreibt al-Kisā'ī in den „Prophetenerzählungen" *(Qisas al-anbiyā')*: „Dann wurde dem Wasser befohlen: ‚Sei still.' Und es war still und wartete auf Gottes Befehl. Es ist klares Wasser ohne Verunreinigungen noch Schaum."[15]

Auf der Grundlage mesopotamischer und kanaanäischer Mythen beschrieben auch die alten Hebräer, wie das Universum in einem Zustand der Formlosigkeit seinen Anfang nahm. Genau wie im Koran ist es auch in der Bibel Gott, der Ordnung in das Chaos der Schöpfung bringt, den Dingen Form gibt und chaotische Meere zu zweckhaften Strömen beruhigt.

> „Und die Erde war wüst und leer, und Finsternis lag auf der Tiefe; und der Geist Gottes schwebte über dem Wasser.
>
> Und Gott sprach: Es werde eine Feste zwischen den Wassern [...] Es sammle sich das Wasser unter dem Himmel an einem Ort, dass man das Trockene sehe. Und es geschah so.
>
> Und Gott nannte das Trockene Erde, und die Sammlung der Wasser nannte er Meer. Und Gott sah, dass es gut war."[16]

Aus dem Chaos Ordnung zu erschaffen, war jedoch alles andere als einfach. Viele Schöpfungsmythen beschreiben epische Schlachten, in denen die Urmeere unterworfen werden mussten. Geschichten der Aborigines, sumerische und babylonische Mythen sowie die Mythen im Alten Testament berichten von gewaltigen Fluten: einer Sintflut, die für die Rückkehr zu Unordnung und Chaos stand.[17] Die Wiederherstellung der Ordnung hing von Ahnenhelden und -göttern ab, deren Macht ausreichte, um die Kontrolle zu übernehmen. In Nordaustralien erinnern Liederzyklen der Aborigines daran, wie die Zwei Brüder Bäume fällten und Berge erschufen, um das Meer zurückzudrängen; der babylonische Gott/Held Marduk bezwang Tiamat. Und Jehova erlangte Macht über Leviathan und übergab ihn Hiob als „ewigen Sklaven".

> „Die Wasser sahen dich, Gott,
> die Wasser sahen dich und ängstigten sich,
> ja, die Tiefen tobten."[18]

Dennoch bleibt dieses Bild einer Rückkehr ins formlose Chaos für die Menschheit eine Vorstellung von Tod und Auflösung, die den geordneten Fluss von Sein und Zeit stört. Im Einklang mit seiner dualen Natur ist Wasser daher sowohl potenzielles Leben als auch potenzieller Tod.

LEBENDIGES WASSER

Aus diesen schöpferischen Tiefen beziehen Kosmologien auf der ganzen Welt ihre Vorstellungen vom „lebendigen Wasser": dem Wasser, das durch die Welt fließt und das Leben ermöglicht. Ob als hydratisierende Moleküle, als spirituelle Kraft oder pragmatisches Lebenselixier der landwirtschaftlichen Produktion – das Konzept des lebendigen Wassers durchströmt in irgendeiner Form jeden kulturellen Kontext. Häufig findet es seinen Ausdruck im Glauben an Wassergottheiten, die wie die großen Leviathane aus dem tiefsten Urgrund die fluiden Materialeigenschaften von Wasser besitzen. Auch wenn heute andere „Mainstream"-Religionen dominieren, gab es einmal eine Zeit, in der fast alle Gesellschaften Wasserwesen in der einen oder anderen Form verehrten, und viele dieser Vorstellungen beschreiben noch heute die generative und manchmal strafende Macht des Wassers. In Neuseeland sind die Flüsse nach dem Glauben der Maori von *taniwha* bewohnt und die Meere von *marakihau.* Die Rolle dieser schlangenartigen Wächter *(kaitiaki)* besteht wie die der Regenbogenschlangen

LINKS *taniwha* schmücken das Tor zu einem Versammlungsgelände der Māori (Māori-Marae)

auf der anderen Seite der Tasmansee im Schutz örtlicher Wasserstraßen und der Gruppen, die mit ihnen verbunden sind.

Schlangenartige Wassergottheiten gibt es auch im Wasserkult der *Mami Wata,* der in West-, Zentral- und Südafrika und in der afrikanischen Diaspora verbreitet ist.[19] Mitglieder des Kults behaupten, dass diese Wesen von uralten ägyptischen *Nommos* abstammen.[20] In vielen Versionen des Hinduismus und Buddhismus steuern Wassergottheiten, die *Nāgas,* Regen und Flüsse.[21] In Mexiko versammeln sich zur Frühlingstagundnachtgleiche Tausende in Chichen Itza, um mitzuerleben, wie *Kulkulcan,* die große Schlangengottheit des Lebens und des Todes, aus der Pyramide herabsteigt.

In China und Japan sind Drachen und Wasser untrennbar miteinander verknüpft: Drachenquellen sprudeln, und Wolkendrachen gleiten vom Himmel hinab.

Im alten Europa führten Pfade von keltischen Henges zu heiligen Wasserläufen, und an heiligen Quellen wurden Votivgaben abgelegt – eine Praxis, die sich unter den römischen Invasoren fortsetzte.[22] Als die animistischen heidnischen Überzeugungen erst in vermenschlichte Gottheiten und dann in den Monotheismus übergingen, gab man heiligen Quellen die Namen von Heiligen oder (in der islamischen Welt) Propheten, die sich ihre wundersamen Heilkräfte aneigneten. So steht der heilige Zamzam-Brunnen nahe der Kaaba in Mekka seit Jahrtausenden im Mittelpunkt von Pilgerreisen, und der Geograf Ibn al-Faqīh notierte im

RECHTS Wasserelement im Palast des Schwarzen Drachen in Kunming (China)

OBEN Aus den Wolken hervorbrechender Drache. Wandschirm im Kenninji-Zentempel, gegründet 1202, in Kyoto (Japan)

RECHTS Das Taufbecken in der Durham Cathedral

9. Jahrhundert einen Hadith (Spruch oder anerkannte Tradition, dem Propheten Mohammed zugeschrieben), in dem sein Wasser „ein Heilmittel für jeden Leidenden“ sei.[23] An einer antiken Fruchtbarkeitskultstätte in Cerne Abbas in Dorset wurde eine heilige Quelle nach dem heiligen Augustinus umbenannt und mit einer Geschichte versehen, in der dieser mit dem Stab auf den Boden schlug, woraufhin Wasser daraus hervorsprudelte.[24]

Sowohl in der Bibel als auch im Koran sorgt ein menschlicher Gott für Wasser für die Ernte und schickt sanften Regen, um den Boden zu nähren:

> „Wir pflügen, und wir streuen den Samen auf das Land,
> doch Wachstum und Gedeihen steht in des Himmels Hand:
> der tut mit leisem Wehen sich mild und heimlich auf
> und träuft, wenn heim wir gehen, Wuchs und Gedeihen drauf.
> *Alle gute Gabe kommt her von Gott dem Herrn,*
> *drum dankt ihm dankt, drum dankt ihm dankt*
> *und hofft auf ihn.*“[25]

Weihwasser blieb ein zentraler Bestandteil in christlichen wie islamischen religiösen Ritualen, insbesondere in denen im Zusammenhang mit den wichtigen Übergängen in das und aus dem materiellen Sein, die also Geburt (Formwerdung) und Tod (Formverlust) markieren. Gemäß den Konzepten von Verschmutzung und Unordnung wird es auch in Ritualen verwendet, in denen jemand von der Sünde reingewaschen oder in extremeren Fällen Dämonen ausgetrieben werden. Die Dualität des Wassers wird selbst hier beibehalten, da laut Thomas Csordas Dämonen über verschmutztes Wasser auch *in* den Körper gebracht werden können.[26]

Als die Kirche von der Entstehung weltlicher Konzepte überlagert wurde, ging man dazu über, Weihwasser eher im Sinne einer spirituellen Erleuchtung zu sehen. Zusammen mit den hydrotheologischen Kreisläufen, die Wissenschaft und Glaube zusammenzuführen versuchten, verkörperte die Vorstellung von der *fons sapientiae* das Erlangen sowohl von Weisheit als auch von Vernunft. Weltlichere Denkweisen und wissenschaftliche Vorstellungen vom Körper und materiellen Substanzen verliehen heiligen Quellen zudem eine neue Bedeutung als „Heilquellen“. Während heilige Quellen wie Zamzam und katho-

lische Entsprechungen etwa in Lourdes weiterhin auf religiösen Überzeugungen fußten, wurden viele solcher Orte in ganz Europa zu beliebten Badeorten umfunktioniert.

Doch es besteht ein starker Zusammenhang zwischen diesen Übergängen: Es durchzieht sie eine hartnäckige Vorstellung von der Vitalität des „lebendigen Wassers“, seiner Reinigungs- und Heilkräfte, und eine Zuschreibung von „Gesundheit“ und „Wohlstand“ (im Englischen stammen *health* und *wealth* übrigens von dem Wort *hale* für „ganz“ ab). Die Etymologie unterstreicht hier das Konzept, dass Gesundheit und Wohlbefinden des Menschen davon abhängig sind, dass ein „ganzheitliches“ (moralisches, intellektuelles, emotionales und körperliches) System geordnet funktioniert – und nicht etwa un-geordnet oder un-gesund. Solche Vorstellungen lassen sich leicht auf die gesellschaftliche und ökologische Gesundheit und „Ordnung“ übertragen, in denen das lebendige Wasser eine ebenso lebenswichtige Rolle spielt.

Wesentlich für jedes dieser Systeme und für die Idee des lebendigen Wassers ist die Notwendigkeit der Bewegung. Wenn Wasser sich nicht bewegt, ist es tot, und das Bild des stehenden Wassers ist ein Bild der Hemmung, der Unfähigkeit, einen ausreichenden Fluss aufrechtzuerhalten. „Lebendiges Wasser“ schließt daher das Verständnis ein, dass Wasser der Materie buchstäblich Leben einhaucht und Lebensvorgänge ermöglicht.

PHÄNOMENALES WASSER

> Whether the weather be fine,
> Or whether the weather be not,
> Whether the weather be cold,
> Or whether the weather be hot,
> We'll weather the weather
> Whatever the weather,
> Whether we like it or not!
> (Englischer Zungenbrecher)

Menschen beobachten nicht nur die unterschiedlichen Bewegungen des Wassers durch die Welt und verknüpfen Konzepte damit, sie machen auch phänomenologische Erfahrungen mit ihm. In der Welt zu sein, bedeutet, jeden Tag das Wetter zu erleben, und wie weiter oben bereits angemerkt, ist das Wetter nichts

OBEN Heilbrunnen, Tschechische Republik

OBEN Detail des Kaiserbrunnens in Konstanz

anderes als Wasser in Bewegung, Wasser im Formübergang, aufsteigendes und niedergehendes Wasser, gefrierend und fließend.[27]

Das zeigt auf, dass menschliche Interaktionen mit Wasser unmittelbare und oft eindringliche Sinneseindrücke sind. Wir fühlen das Stechen des peitschenden Regens oder die sanftere Berührung von Nebel. Wir aalen uns in warmen Bädern und Duschen, stählen uns innerlich vor dem Sprung in kalte Seen und Meere. In trockenen Klimazonen dürsten wir danach und sehen Gläser voll kühlem Wasser vor unserem inneren Auge. Und wenn wir Wasser trinken, unterscheiden wir zwischen gechlortem Wasser, dem Prickeln von Mineralwasser und dem Schwefelaroma von Heilwasser. Unser Herz schlägt schneller im ozongeladenen Rausch von Wasserfällen oder spektakulären Brechern und wird ruhiger an murmelnden Flussufern und leise an den Strand schlagenden Wellen. Wasser schickt den Geist auf Wanderschaft und befreit die Fantasie; sein fluides Wesen weckt einen Traum von Freiheit:

> „Ich muss zurück, zum Meer hinab,
> Zu Himmel und einsamer See,
> Und nichts will ich als ein schlankes Schiff
> Und den weisenden Stern in der Höh,
> Das Knacken des Rads und des Windes Lied
> Und der Segel Glanz und Schwung,
> Und den grauen Nebel im Antlitz der See
> Beim Einbruch der Dämmerung."
> (John Masefield, „Sea Fever")

In vielerlei Hinsicht verhält sich Wasser wie eine Lichtquelle.[28] Wassermassen, ob durchsichtig oder undurchdringlich, schimmern und flimmern in ständiger Bewegung und haben eine im wahrsten Sinne des Wortes hypnotisierende Wirkung. Jeder See, Teich oder Fluss ist ein Augenmagnet, der die Menschen dazu bringt, sich hinzusetzen und auf das Wasser zu starren, fasziniert von den glitzernden, tanzenden Lichtern. Zusammen mit der absoluten Unverzichtbarkeit des Wassers in organischen Vorgängen brachte diese numinose Eigenschaft Kulturen dazu, Verknüpfungen zwischen Wasser und spirituellen Wesen herzustellen und in Architektur, Poesie, Kunst, Tanz und Musik die Schönheit des Wassers zu feiern.

Unsere Beziehung zum Wasser ist also stark geprägt von seinen besonderen Materialeigenschaften, von seiner Wesentlichkeit in allen Aspekten des Lebens und von unserer phänomenologischen Beschäftigung mit ihm. Weil es eine so zentrale Rolle in unserem Leben spielt und weil seine Eigenschaften so einmalig sind, gehört Wasser auch zu den Hauptmaterialien, die wir beim Entwickeln von Ideen einsetzen. Wenn wir uns den Prozess einmal ansehen, müssen wir erkennen, dass wir im wörtlichen wie im übertragenen Sinn „mit Wasser denken".

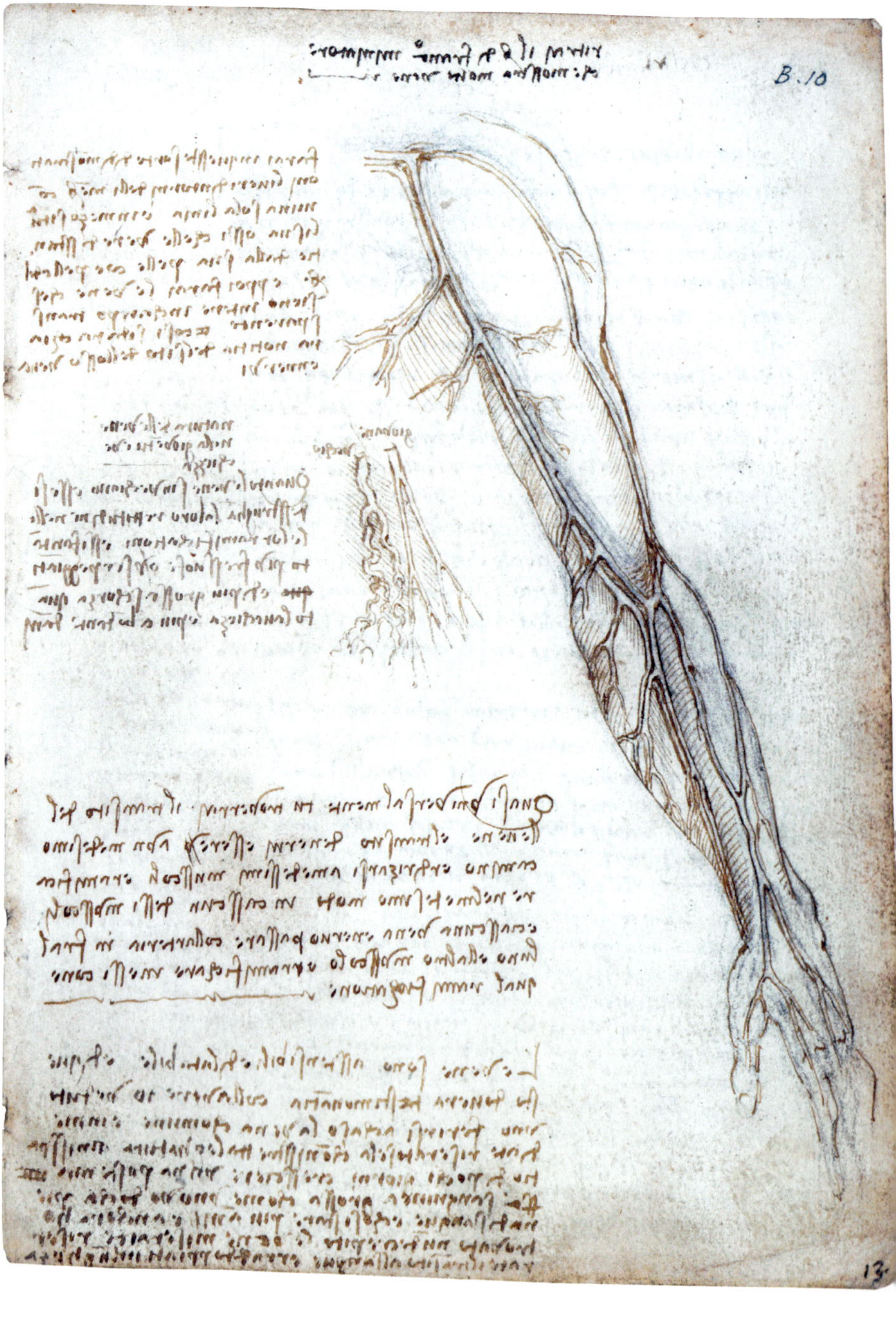
B.10
13

3 IMAGINÄRES WASSER

FLUSS

Was heißt das aber, wir „denken mit Wasser“? Vor einem knappen halben Jahrhundert beobachtete Claude Lévi-Strauss, dass sich Menschen für Metaphern gern bei der materiellen Welt bedienen. Sein besonderes Interesse galt Tieren und wie mit ihrer Hilfe bestimmte Verhaltensweisen beschrieben werden (schweinisch, wölfisch oder auch loyal oder vornehm). „Tiere“, so ein berühmtes Zitat, „sind gut zum Denken“.[1] Mary Douglas beschrieb, wie wir unsere eigenen Körper als Modell nehmen, um zum Beispiel Gesellschaftskörper (die ebenfalls einen Kopf, einen rechten Arm usw. haben müssen) und Landschaften (denen wir Flussmündungen, Stirnhänge, Bergschultern, Gletscherzungen usw. zuweisen) zu beschreiben.[2] Gelehrte, die sich mit der Entwicklung der menschlichen Kognition im Laufe der Zeit beschäftigen, haben beschrieben, wie Menschen die materielle Welt in ihr Denken mit einbeziehen und so ein „Leben in Metaphern“ erschaffen.[3]

Wasser ist natürlich überall, und auch wenn es auf lokale Bedingungen reagiert, bleiben seine Eigenschaften doch konstant, genau wie die sensorischen und kognitiven Prozesse, über die Menschen mit ihm interagieren. Daher, sagt Ivan Illich, hat „Wasser [...] eine nahezu unbegrenzte Fähigkeit, Metaphern zu vermitteln“.[4] Offenbar verleiht der jeweilige kulturelle Kontext dem Denken der Menschen zwar eine bestimmte Form, doch die Bedeutungen von Wasser weisen einige große kulturübergreifende Unterströmungen auf, deren Beständigkeit nicht nur über Kulturgrenzen, sondern auch über die Zeit hinweg sich aus den Eigenschaften des Wassers selbst speist.[5] Das erklärt nicht nur, warum Konzepte wie das „lebendige Wasser“ so allgegenwärtig sind und warum Menschen überall Verbindungen zwischen inneren und äußeren hydrologischen Systemen herstellen, es zeigt auch, wie Wasser sich auf fantasievolle Weise einsetzen lässt, um über andere zentrale Themen des menschlichen Lebens nachzudenken.

LINKS Leonardo da Vincis Notizen und Skizzen zum Blutkreislauf, um 1508

Wie die fluiden Eigenschaften von Wasser das Nachdenken über biologische und hydrologische Vorgänge möglich machen, so erlaubt Wasser auch das Nachdenken über das „Fließen“ in jedem beliebigen System. Tatsächlich ist es schwierig, sich im Sinne eines Systems oder Vorgangs etwas vorzustellen, ohne eine Bilderwelt von Flüssigem heraufzubeschwören. Bevor das Studium der Anatomie interne Kreislaufsysteme ans Licht brachte, stellte man sich die Bewegungen in seinem Inneren meist als „Ebbe und Flut“ vor. Auch wenn der Gelehrte Ibn al-Nafīs (der 1288 in Kairo starb) schon vermutete, dass das Blut im Körper zirkuliert, setzte sich die Idee erst Mitte des 16. Jahrhunderts durch. Dann allerdings breiteten sich Vorstellungen von Systemen und Kreisläufen rasch aus und führten zur Entstehung des Denkens in hydrologischen und ökologischen Systemen, das wir im letzten Kapitel untersucht haben.[6]

Wasser belebt auch Vorstellungen von der Fluidität des Wissens. Tom McLeish weist darauf hin, dass Informationen in physikalischer, molekularer Form buchstäblich mit dem Wasser fließen, mit der „Ausgestaltung von Information in Materie, insbesondere in wässriger Materie“.[7] Doch Wasser liefert auch eine ideale Metapher zur Beschreibung der Bewegung von Informationen und bietet sich an für Bilder von Wissen, das von Generation zu Generation fließt oder durch soziale Verbindungen und eine Reihe kommunikativer Medien „zirkuliert“. Wie Wasser ist auch Wissen immer in Bewegung: Es tröpfelt und sickert ein, durchdringt, überflutet und überschwemmt uns, manchmal gar bis hin zur Gehirnwäsche. Und wie Wasser kann es sowohl spirituell moralisch sein – wenn es aus der *fons sapientiae* strömt – oder verunreinigend, wenn es die Unschuld zerstört und uns vergiftet oder die Ordnung durchkreuzt.

Wasser transportiert nicht nur im Wortsinn Materialien durch die Welt, sondern bietet auch eine zentrale Metapher für den Fluss ökonomischer Ressourcen. Konzepte ökonomischer Systeme hängen stark von Bildern des Fließens ab. Sie bewegen sich in Zyklen und Wellen, sie erfordern Injektionen und Infusionen. Wohlstand zirkuliert und kann „nach unten durchsickern“ (oder auch nicht). Märkte können überschwemmt werden oder austrocknen; ihre Indizes können Auftrieb bekommen, häufiger aber (jedenfalls heutzutage) tauchen sie in neue Tiefen ab. Wirtschaftsnationen und „Kapitalflüsse“ sind metaphorisch „liquide“; die globale Finanzkrise wurde daher auch als „Liquiditätskrise“ verstanden:

> „Ab August 2007 hatte die *Financial Times* über die schweren Störungen und Verlagerungen auf den globalen Finanzmärkten berichtet, die weithin

> als ‚Liquiditätskrise' dargestellt wurden. Diese Beschreibung war im praktischen, akademischen und politischen Diskurs häufig zu hören, als man versuchte, die Turbulenzen zu verstehen. Sie belebte auch die Reaktionen der öffentlichen Hand. Das ‚Hineinpumpen' oder ‚Injizieren' von Liquidität beispielsweise tauchte durchgehend als Hauptmotivation für aufeinander folgende Interventionsrunden der Zentralbanken in ‚eingefrorenen' Geldmärkten auf."[8]

Die buchstäbliche und metaphorische „Wesentlichkeit" von Wasser ist ähnlich offensichtlich, wenn es um die Beziehung zwischen Wohlstand und Macht geht. Bei Macht geht es um Handlungsmacht, um die Fähigkeit, „Dinge geschehen zu lassen". In materieller Hinsicht kann nichts ohne Wasser geschehen, und daher sind seine Bedeutungen als generative, schöpferische Substanz eng mit Konzepten von Macht und Wohlstand verknüpft. Wasser ermöglicht es Individuen, Familien, Stammesgruppen und ganzen Gesellschaften, sich fortzupflanzen und die Dinge herzustellen, die sie brauchen und begehren. Wasser ist der „Antrieb" nicht nur des biologischen, sondern auch des soziologischen und kulturellen Lebens, indem es Vorgänge der materiellen Erzeugung möglich macht und so den Wohlstand – also Gesundheit und Wohlergehen – derjenigen hervorbringt, die seinen Fluss lenken können.

Die Kontrolle über Wasser ist daher von entscheidender Bedeutung für die politische Macht. Im Wesentlichen kontrolliert die Partei, die das Wasser – den Lebensstrom – besitzt oder die Kontrolle darüber hat, auf sehr grundlegender Ebene auch Ereignisse.[9] Es überrascht daher nicht, dass es im Zusammenhang mit Besitz von, Zugang zu und Kontrolle über Wasser weltweit zu mehr Konflikten kommt als wegen jedes anderen Themas.[10] Und weil Wasser für alle Aspekte des Wohlergehens von so zentraler Bedeutung ist, spiegeln die Vereinbarungen in einer Gesellschaft darüber, „wem das Wasser gehört", sehr präzise sowohl ihre inneren als auch ihre äußeren politischen Beziehungen wider. In diesem Sinne können Besitz von und Kontrolle über Wasser als grundlegend für die Demokratie betrachtet werden, und wenn eine Bevölkerung die direkte gegenständliche Kontrolle über ihre lebenswichtigste Ressource verloren hat, hat sie in Wirklichkeit ihre politische Macht an nicht gewählte und oft niemandem Rechenschaft schuldige Körperschaften verloren.

Über den größten Teil der Menschheitsgeschichte galt Wasser in den meisten Gesellschaften als „Gemeingut": etwas, auf das alle Gruppenmitglieder oder Bürger:innen ein Anrecht haben und das den kollektiven Wohlstand oder

OBEN Wassermühle am Stour in Dorset

das kollektive Wohlergehen ausmacht – im Wesentlichen also der „Lebenssaft" eines zusammenhängenden Sozialkörpers. Dies steht natürlicherweise im Einklang mit den verbindenden Eigenschaften des Wassers. Gemeinschaften sind nicht nur durch fluide „Blutsbande" miteinander verbunden, sondern auch sozial, politisch und wirtschaftlich durch gemeinsam genutztes Wasser und gemeinsame Wasserstraßen.

So zeigen Aufzeichnungen, dass in Dorset zur Entstehungszeit des Domesday Book (1086) am nur 100 Kilometer langen Fluss Stour 66 Wassermühlen standen. Im gesamten Stour-Tal mussten Müllers- und Fährleute zusammenarbeiten, um den Durchfluss zu regeln, und verbanden so die Dörfer am Ufer durch fortwährende Kooperation und gesellschaftlichen Austausch. Ähnliche kollektive Vereinbarungen kennzeichnen Wassernutzung und -management seit den frühesten ägyptischen Hydraulikplänen, die vorsahen, dass alle, die Bewässerungssysteme nutzten, zur Instandhaltung der Kanaldämme beitragen mussten.

Noch wichtiger ist eine solche Zusammenarbeit über gesellschaftliche Grenzen hinweg. Jordan, Colorado, Mekong: Jeder Fluss, der eine Landesgrenze überschreitet, ist potenziell ein Brennpunkt grenzüberschreitender sozialer und

RECHTS G. Child, „Knut lenkt die Wellen des Meeres, ihn nicht zu netzen“, Radierung, 1747

politischer Konflikte oder Zusammenarbeit. Das macht deutlich, dass Gesellschaften wie biologische Organismen weniger effektiv als isolierte Systeme funktionieren, weil sie auf positive Querverbindungen angewiesen sind.

WASSER UND ZEIT

In einer anderen Gruppe von Metaphern drückt Wasser Vorstellungen zur Zeit aus. Wie gut es sich als Bild für das Dahinschwinden eignet, zeigt etwa die traditionelle chinesische Praxis, Gedichte mit Wasser auf den Gehweg zu schreiben, das innerhalb von Minuten verdunstet und damit unterstreicht, dass alle Seinszustände vorübergehend sind.

Das Sinnieren über Wasser und Zeit bringt uns auch zum Bild des Wassers als „ursprüngliches" schöpferisches Potenzial zurück, als der Stoff, aus dem das Leben entsteht. Was könnte mehr im Entstehen begriffen sein als der „Jungbrunnen", verkörpert von einer Quelle? Womit ließe sich Veränderung und Transformation im Zeitverlauf besser beschreiben als mit dem Mäandern von Wasser durch die physische Landschaft? Flüsse sind die ideale Metapher für die Bewegung des Lebens in Zeit und Raum: Sie entspringen an unberührten Berghängen und nehmen in tosender Energie, in Wasserfällen und Stromschnellen Gestalt an, die mit Macht die Landschaft formen. Die Bewegung des Wassers ist der Schlüssel: Franz Krause beobachtet, dass im Kemi-Tal in Finnland „die Stromschnellen so wichtig für seine Menschen sind, weil der Kemi an diesen kraftvoll bewegten Abschnitten am ehesten als ‚Strom des Lebens' wahrgenommen wird".[11]

Flüsse werden auf ihrem Weg hinab immer größer, treten in Wechselbeziehungen mit ganzen Ökosystemen, nehmen andere Substanzen auf, reifen durch Interaktionen mit Landwirtschaft und Industrie und durchlaufen eine Akkulturation. Da viele Städte an Flussmündungen liegen, entwickeln sie eine anspruchsvolle kosmopolitische Urbanität. Gegen Ende ihrer Lebensreise beginnen sie oft zu mäandern, verlieren ihre Vitalität und ihren „Pfad". Schließlich gehen sie im Meer in die Formlosigkeit über, bis ihre Essenz durch die Luft aufsteigt und an höherer Stelle erneuert wird. Auf diese Weise bringen Flüsse Raum und Zeit in einem metaphorischen Wasserkreislauf zusammen und stützen die Hoffnung,

RECHTS Der Wear nahe der Kathedrale von Durham

dass das, was eine endliche materielle Reise zu sein scheint, in der Tat weitergehen kann.

Das Meer, Sinnbild für eine Rückkehr zum Seinspotenzial, weckt sowohl Hoffnung als auch Furcht. Ozeane können im Geist ein Bild der Freiheit von allen materiellen Sorgen entstehen lassen: „Ich muss zurück, zum Meer hinab", aber selbst in dieser Vision klingt der Tod an, eine Flucht vor der bewussten Last des materiellen Seins. Natürlich kann es aufregend sein, die eigene Sterblichkeit zu erkunden, und der Blick in den Abgrund übt auf uns eine morbide Faszination aus; in See zu stechen, bedeutet das Einlassen auf ein Abenteuer mit der Gefahr einer Fahrt über „die Tiefe". Bilder von Geist und Wasser, die zum Himmel aufsteigen, mögen die Gläubigen trösten, aber für viele ist das Meer „die große Senkgrube" des Todes und erzeugt echte „Todesangst", Angst davor unterzugehen, vom Meer einverleibt zu werden und sich schließlich in Formlosigkeit aufzulösen. „Mit dem Meer denken" bedeutet, die finale Zerstreuung eines individuellen Lebensflusses bis in die vollkommene Auflösung und Vergessenheit zu bedenken.

Auch der Literaturkanon enthält viele Anspielungen auf die Beziehung zwischen Wasser und dem Verlust des bewussten Gedächtnisses.

> „Von diesen ferne fließt trüb und still ein Strom,
> Der Lethe heißt – Strom der Vergessenheit;
> Sein Lauf ein Labyrinth von Wasser; wer
> Aus diesem Strome trinkt, vergisst sogleich,
> Was er zuvor gewesen ist, vergisst,
> Ganz das Vergangene, beides, Freud und Leid."[12]

Lethe war der griechische Geist des Vergessens, und das Trinken aus dem Fluss Lethe, der durch den Hades um die Höhle des Hypnos floss, führte zum vollständigen Gedächtnisverlust, wie man glaubte. Der Lethe wurde auch *Ameles Potamos* („Fluss der Unachtsamkeit") genannt. Wenn die Erinnerungen sich auflösten und der Geist getilgt wurde, konnten die Seelen sich befreien und ihre frühere Existenz vergessen, um in einen neuen Körper einzuziehen. Diese Vorstellungen von Wasser, Zeit und Verlust sind von Dauer: So bittet etwa J. Ross Goforth in einem Song jüngeren Datums den Lethe, ihm Vergessen zu bringen und sein Leiden zu lindern.[13]

Das Konzept der Auflösung des Ichs im Wasser beschränkt sich nicht auf die klassischen westlichen Traditionen. In der neuseeländischen Maori-Mythologie

RECHTS
J. M. W. Turner,
A Storm (Shipwreck),
Wasserfarben auf
Papier, 1823

machen sich die Geister der Verstorbenen auf den Weg zu ihren Ursprüngen in Hawaiki, der Inselheimat ihrer Vorfahren. Um sie zu erreichen, reisen sie auf Geisterpfaden an Neuseelands nördlichste Spitze am Cape Reinga, wo Tasmansee und Pazifik aufeinandertreffen. Dort „trinken sie Vergessen" aus einem kleinen Bach und rutschen an der Wurzel eines *pōhutakawa*-Baums in eine Höhle, die in die Unterwelt führt.[14]

Und in einem Gedicht der kanadischen Inuit-Dichterin Uvavnuk heißt es:

„Die große See
befreit mich, bewegt mich,
wie ein kraftvoller Fluss einen Grashalm mitreißt.
Die Erde und ihre starken Winde
bewegen mich, tragen mich fort,
und meine Seele wird von Freude ergriffen."[15]

Kulturelle Traditionen auf der ganzen Welt und in allen Zeiten beschwören also Bilder letzter Reisen über das Wasser in Unter- oder andere Welten und trennen den Menschen regelmäßig und hydrologisch in den Körper, der in die Auflösung sinkt, und den Geist, der – befreit von seiner sterblichen Hülle – in den Himmel aufsteigen kann.

Aber – und das gilt vielleicht noch mehr in einer zunehmend säkularen Welt – die Küste ist eine mehrdeutige Schwelle zwischen Sein und Nichts. Wie denken

OBEN Sir John Everett Millais,
Ophelia, 1851–1852

die Menschen mit Sumpfland? Mit Orten, an denen Wasser mit dem Einströmen in die Sümpfe sein Vorwärtsmoment verliert?

AMBIVALENTER SCHLAMM

Jagd- und Sammelgemeinschaften, die mit ihren Landschaften genauestens vertraut und vielleicht auch empfänglicher für die leisen Bewegungen von Wasser durch die Sumpfgebiete waren, sahen solche Gebiete in der Regel positiv, als Orte konzentrierter Ressourcen. Diese Betrachtungsweise propagierte auch die frühe Naturschutzbewegung mit Schriftstellern wie Henry David Thoreau und John Muir, die Moore als fruchtbare, Leben spendende Orte und Oasen der Artenvielfalt beschrieben. In Anspielung auf ihre Bedeutung als Ökosysteme beschreibt Seamus Heaney irische Sümpfe als „die Vokale der Erde", im Gegensatz zu den harten Konsonanten des trockenen Landes.

In anderen historischen Zeitabschnitten jedoch wurden Feuchtgebiete in eher negativen und angsterfüllten Worten als unheimliche fließende Räume beschrieben, erfüllt von trügerischem Morast und seltsamen Miasmen, bewohnt von monströsen Kreaturen. Diese eher düstere Sichtweise setzte sich durch, als man von der Nutzung von Ressourcen in Feuchtgebieten und Naturreligionen, die „den Sumpf als Quelle neuen Lebens positiv weiblich besetzten", zu vermenschlichten, vermännlichten Religionen wechselte und zu Wirtschaftssystemen, deren Hauptaugenmerk auf der Landwirtschaft lag. Als man auf immer instrumentellere Weise mit seiner Umwelt interagierte, wurden die Sümpfe zur weiblichen Urnatur umdeklariert, die männliche Kontrolle und Domestizierung erforderte:

> „Mit dem Aufstieg des Kapitalismus unter der Ägide des Patriarchats in einem Europa der modernen Städte betrachteten viele Menschen das schwarze Wasser der Moore ‚zu Hause' und in den Kolonien als vormodernes Ödland oder als Wildnis, die im Namen des ‚Fortschritts' erobert werden mussten. Feuchtgebiete wurden entweder trockengelegt oder aufgefüllt, um tote Flächen in Privatbesitz zu schaffen, auf denen landwirtschaftliche und urbane Entwicklung stattfinden konnte."[16]

Teil des Problems ist vielleicht auch, dass Feuchtgebiete so richtig weder zum Land noch zum Wasser gehören und mehrdeutige Kategorien häufig Ängste wecken. Schlamm, weder Erde noch Wasser, sorgt für ähnliche Unsicherheit: Sartre hatte panische Angst davor und bezeichnete ihn als weibliches Gegenstück zur männlichen „Transzendenz"; eine ähnliche Abscheu wird in den Arbeiten von John Ruskin sichtbar, in dessen Beschreibungen von dreckverschmierter Armut und Schlamm das viktorianische Unbehagen gegenüber Sümpfen und ihren krank machenden „Miasmen" widerhallen. John Bunyans *Pilgerreise* (im Original mit dem vielsagenden Untertitel „aus dieser Welt in die, die da kommt") liefert einen berühmten Bericht über den Weg durch den „Sumpf der Verzagtheit".[17]

Viele historische Höllenvisionen, etwa Dantes *Inferno,* enthalten fauliges Wasser und Schlamm, das Ergebnis von „Stagnation" und der Auflösung von Feststoffen. Die Vorstellung, dass die „Zivilisation" auf diese Weise „zur Hölle fährt", wird sehr plastisch auch in *Die Flut* von J. G. Ballard beschrieben, wo aus einer korrupten und gierigen Welt ein fauliger Sumpf wird.[18] Also werden „korrupte" Dinge zu Schlamm, der eine weitere Umwandlung braucht: eine Trennung in fruchtbaren Boden und sauberes Wasser, um wieder in den Kreislauf aufgenommen werden zu können.

LINKS Berg-Feuchtgebiet in Finse (Norwegen)

IM KOPF

Die Vorstellung vom lauernden Chaos in den Tiefen des Wassers taucht auch in anderen Flüssig-Metaphern auf. Neben den inneren „Hypomeeren" des Körpers, die biologische Kreisläufe aufrechterhalten, gibt es noch weitere „innere Meere". Die Freud'sche Sicht auf den Menschen beispielsweise basiert auf einem bewussten Ego - dem geordneten, reifen und „geformten" Ich - und den urtümlichen, ungeordneten Meeren des unbewussten Es, das Freud als ein „Chaos, einen Kessel voll brodelnder Erregungen" beschrieb, gespeist durch die Instinkte.[19] Und laut Jung gibt es in diesem inneren Meer das, was David Gilmore die „Chaosmonster" nennt: schreckliche Wesen, die in den Tiefen des Geistes lauern, wie die Leviathane, Riesenkraken und Seeschlangen in den kollektiven kosmologischen Meeren. „Der Geist braucht Monster", sagt er, als Metapher für die Dinge, die die Menschen zurückweisen wollen.

> „Es verkörpert die existenzielle Bedrohung des gesellschaftlichen Lebens, das Chaos, den Atavismus und Negativismus, die Zerstörungskraft und alle anderen Hindernisse für Ordnung und Fortschritt symbolisieren [...] Seit der Zeit von Freud haben wir das Monster der Fantasie nicht nur als politische Metapher kennengelernt, sondern auch als Projektion eines unterdrückten Teils des Ichs. Ob wir den unterdrückten Teil nun Es, Thanatos, Animus, Anima oder Instinkt nennen, [...] das Monster des Geistes ist immer das vertraute Ich, verkleidet als das fremde Andere."[20]

Ob sie aus den Tiefen des Ozeans auftauchen, im mehrdeutigen „Zwischenland" der Sümpfe lauern oder direkter als Bewohner des inneren Ichs gesehen werden: Solche Monster erinnern uns daran, dass unter der glitzernden Wasseroberfläche Gefahr und Chaos liegen.

HERZMEERE

„Niemand hörte ihn, den toten Mann,
Doch lag er da und stöhnte:
Ich war viel weiter draußen, als du glaubtest,
und winkte nicht, sondern ertrank.

Armer Kerl, er alberte so gern herum
und nun ist er tot
Es war wohl zu kalt für ihn, denn sein Herz versagte,
sagten sie.
Oh, nein nein nein, es war immer zu kalt
(Noch immer lag der Tote da und stöhnte)
Ich war mein ganzes Leben lang viel zu weit draußen
und winkte nicht, sondern ertrank.“[21]

Die inneren Meere fließen in den Gezeiten der Gefühle auch durch das Herz. Nicht nur äußern sich die physiologischen Reaktionen des Körpers in Flüssigkeitsbegriffen – Hitzewallungen, das Fluten des Gehirns mit Endorphinen, das Strömen des Blutes –, mithilfe von Wasser lässt sich auch ausdrücken, was unsere Emotionen tun. Gefühle steigen in uns auf, manchmal überfluten sie uns und geraten „außer Kontrolle“, sodass wir von ihnen „fortgerissen“ werden. Dann ebben sie ab und hinterlassen ein Gefühl der Leere. Die transformativen Eigenschaften des Wassers sind besonders hilfreich, wenn wir beschreiben wollen, wie Gefühle gefrieren und auftauen, uns erhitzen und abkühlen. In den Metaphern, mit denen Verhalten ausgedrückt werden kann, können Menschen eisig und hart sein oder auch warm und zugewandt. Intimität kann uns auf positive Weise zum „Kochen“ bringen, und der Akt selbst mit seinem buchstäblichen Austausch von Körperflüssigkeiten (ebenso wie beim Stillen oder einer Bluttransfusion) verkörpert den ultimativen Fluss des Lebens und das Überschreiten der Grenzen des eigenen Ichs. Grenzen aufzulösen und mit jemandem Körperflüssigkeiten auszutauschen, bedeutet, Identität und Gefühle miteinander verschmelzen zu lassen, wie Wordsworth es formulierte:

„Sie weinte. Des Lebens Purpurstrom floss
träge durch jede durchdringende Ader;
trübe waren meine tränenerfüllten Augen, mein Herzschlag langsam,
und mein übervolles Herz schwoll an von köstlichem Schmerz."[22]

Wie Wassermetaphern das Fließen einer Verbindung zwischen Individuen beschreiben, lassen sich auch größere gesellschaftliche Beziehungen danach bewerten, wie gut sie sich mit einer gewöhnlichen Substanz vergleichen lassen. Gruppen finden sich in geteilten Identitäten zusammen oder sind durch das fehlende Fließen voneinander getrennt. Am deutlichsten wird das in der Sprache, mit der wir die ethnische Zugehörigkeit ausdrücken, wobei „wir" die Gruppe sind, die ein Blut und/oder das Wasser eines bestimmten Ortes teilen, und das „andere" von Grund auf anders ist. Der Begriff des Fremden oder Andersseins basiert auf einer Verknüpfung der Vorstellungen von Substanz und Identität, in denen „das andere" eine mögliche Verschmutzung darstellt.

„Migrationswellen" bestehen demnach aus Fremdkörpern, die „hineinströmen", unser Land „überschwemmen" und damit ein geordnetes Gesellschaftssystem verschmutzen und stören, nicht nur mit dem fluiden Ich der „anderen" (das zentrale Konzept der sogenannten „Rassenmischung"), sondern mit ihrem Strom „anderer" Überzeugungen, „anderen" Wissens und „anderer" Werte. Die Vorstellung, dass Blut beschmutzt werden kann, ist ungeheuer kraftvoll, und diese gefühlte Verschmutzung erfolgt angeblich nicht nur durch das Einbringen fremder Identitäten, sondern auch durch den Makel einer kriminellen Vergangenheit, Geisteskrankheiten in der Familie und natürlich durch invasive „Fremdkörper" wie Keime und Viren, die verunreinigende „Krankheiten" in sich tragen.

Auf der Grundlage seiner besonderen Eigenschaften ist Wasser also von kraftvollen Bedeutungen durchdrungen, die jeden Aspekt menschlichen Lebens miteinander verbinden, von den mikrobiellen Strömen des individuellen Seins bis zu den gewaltigen Meeren gemeinsamer Kosmologien. Diese Bedeutungen geben uns die Metaphern, mit denen wir ausdrücken können, wie wir denken und fühlen, und sie durchziehen jeden unserer Gedanken über Wasser, jede individuelle, kulturelle und gesellschaftliche Beschäftigung mit ihm. Sie durchfließen und formen daher auch wichtige Entscheidungen darüber, wie Wasser genutzt, behandelt, besessen und gelenkt werden sollte.

4 WASSERREISEN

FLUIDE POPULATIONEN

Wasser war immer eng verknüpft mit den Strömen der Menschen um die Welt. Frühe Bevölkerungsbewegungen wurden in großen Eiszeiten und Warmzeiten vom gefrierenden und schmelzenden Wasser beschränkt bzw. ermöglicht. Im Laufe der Zeit wanderten Gruppen an Wasserläufen und Küsten entlang und später über die Meere an neue Orte.

Die ersten *Homo-sapiens*-Populationen verbreiteten sich vor 160 000 Jahren in Afrika zunächst an den Wasserläufen entlang und begaben sich später dann auf längere Reisen durch die damals grüne und fruchtbare Sahara in die Levante. Auf ihren ersten Streifzügen hielt sie eine weltweite Kälteperiode auf, in der Jungsteinzeit führten Dürren und andere Probleme zu einem fast kritischen Bevölkerungsrückgang. Erst danach konnten die Menschenpopulationen stetiger wachsen und sich von Afrika aus auf der ganzen Welt verteilen.

Auch für diese Bewegung war Wasser von zentraler Bedeutung, als sie an den südlichen Küsten Asiens entlangzogen und sich dabei die Ressourcen der Feuchtgebiete und des Meeres zunutze machten.[1] Irgendwann in der Steinzeit unternahmen sie die ersten vorsichtigen Seereisen auf Flößen aus Bambus oder Baumstämmen und in Einbäumen, und vor etwa 60 000 Jahren erreichten sie Australien, damals wegen der niedrigeren Meeresspiegel von Timor aus nur ein Katzensprung über die Lombokstraße. Ausgebremst durch die Eiszeit, brauchten die nächsten Populationen weitere 20 Jahrtausende, um bis nach Europa zu gelangen und sich nach Nordasien und in den Nördlichen Polarkreis vorzuwagen. Vor etwa 25 000 Jahren dann überquerten die ersten Menschen an Küsten und Eiskorridoren entlang die Beringstraße und erreichten Amerika.

In all der Zeit lebten die Menschen als Jagd- und Sammelgemeinschaften und passten sich unterschiedlichen Umgebungen mit einfachen Werkzeugen aus Stein und dann aus Metall an. Zwei Dinge waren entscheidend für ihr Überleben und Wohlergehen: Wasser und Wissen. Ob in Form von Feuchtgebieten, Flüssen,

LINKS Der Mont-Collon-Gletscher in den Walliser Alpen

Meeresumgebungen oder Wüstenquellen, das traditionelle Leben der Jagd- und Sammelgemeinschaften drehte sich um Wasserquellen und die Artenvielfalt, die an ihnen entstand. Ebenso wichtig war ein genaues Verständnis lokaler Umgebungen und ihrer Tier- und Pflanzenwelt sowie ihrer jahreszeitlichen Veränderungen – welche Ressourcen also wo und wann zu finden waren.

Ein Schlüsselbereich dieses Wissen betraf direkt das Wasser: wann der Regen kam, wohin man sich bei Überschwemmungen flüchten konnte, wo man in der Trockenzeit Quellen fand, wie sich die Flüsse und Meeresströmungen verhielten und wo Wassertiere zu finden waren. Ohne Technologien zum Speichern von Wasser war ein tiefes Verständnis hydrologischer Muster und sogar unterirdischer Ströme entscheidend, und wie bereits gesagt, wurde dieses Verständnis oft fantasievoll genutzt, um kosmologische Modelle der Welt zu formulieren, in denen das Wasser die Menschen in spiritueller Form aus Wasserquellen in die sichtbare Welt brachte und später wieder zurück in unsichtbare Wasserreiche.

Émile Durkheim beobachtete, dass die religiösen Überzeugungen menschlicher Gesellschaften ein Spiegelbild ihrer besonderen sozialen und politischen Vereinbarungen sind.[2] Jagd- und Sammelgemeinschaften wurden im Allgemeinen von allen älteren Mitgliedern gemeinsam angeführt und hatten meist ähnlich egalitäre religiöse Vorstellungen, in denen beseelte Landschaften nicht nur von generativem Wasser belebt werden, sondern auch eine Vielzahl von Geistwesen enthalten. Wie die Menschen selbst versammeln sie sich unweigerlich an Wasserquellen, den ressourcenreichsten Orten, und sorgen damit dafür, dass Quellen und ihre transformativen Mächte seit den Anfängen der Menschheitsgeschichte verehrt werden.[3]

Die Mythologien der Jagd- und Sammelgemeinschaften schildern größtenteils belebtes Land und Wasser in wohlwollenden, wechselseitigen Partnerschaften mit der Menschheit. Sie nehmen zudem Dante und Freud um viele Jahrtausende vorweg, indem sie die Mehrdeutigkeit von Gewässern und ihre Leben spendenden wie Leben raubenden Tiefen beschreiben. Als Portale eines unterirdischen Reichs sind Wasserorte gefährlich, und die Geschichten der Aborigines erzählen regelmäßig, wie Eindringlinge oder Menschen, die gegen Ahnengesetze verstoßen, von zornigen Wasserschlangenwesen verschlungen und ertränkt wurden. Selbst heute müssen in vielen Teilen des Landes Fremde, die indigene Heimstätten besuchen, mit örtlichem Wasser getauft werden, damit die uralten Wesen an diesen Orten sie „kennen" und ihnen nichts tun.

Die traditionelle Kosmologie des südafrikanischen Volks der !Kung San kennt ebenfalls gefährliche Wasserwesen, etwa den „Todgeber" !Khwa, „der den

OBEN Aborigines-Taufe in Cape York, Australien

Regen und das Wasser im Wasserloch verkörpert, wo er wohnt".[4] In der Mythologie der /Xam sind „Tod" und „unter Wasser" gleichbedeutend, und es gibt ein unterirdisches Reich, das von Geistern *(g/amadzi)* und „Monstern" oder „wütenden Dingen" *(//a:xudzi)* bewohnt wird, die an die Oberfläche kommen und „das Leben der Menschen stören, wenn sie wütend werden, weil bestimmte Tabus gebrochen wurden".[5]

Wie auf den anderen Kontinenten lag auch bei den Jagd- und Sammelgemeinschaften in Europa der praktische und religiöse Schwerpunkt auf Quellen, und im antiken Britannien und auf dem europäischen Festland gab es Tausende heiliger Quellen. Über ihre vorrömische, vorchristliche Nutzung gibt es kaum Aufzeichnungen, da diese überwiegend von römischen Invasoren wie Julius Cäsar stammten oder von Geschichtsschreibern wie Plinius und dem Dichter Lukan. Dennoch liefern sie einige Berichte über die Opferrituale an keltischen Quellen; offenbar galten diese als Zugang zu den schöpferischen Kräften vorwiegend weiblicher Gottheiten. Ein komplementäres männliches Prinzip fand seinen Ausdruck in den umliegenden Baumgruppen und – möglicherweise – in den späteren Henges aus Stein und Holz, die an ihre Form erinnerten. An solchen Orten wurden Wasserwesen sowohl verehrt als auch besänftigt, um sie in ihren schöpferischen Akten zu ermuntern und sie davon abzubringen, ihre Kräfte auf zerstörerische Weise einzusetzen.

Die Resonanzen zwischen den ersten Mythen menschlicher Gesellschaft, klassischen Erzählungen über Schrecken in den Tiefen des Wassers und jüngeren psychologischen Konzepten des urtümlichen Es und seiner lauernden Monster machen sehr deutlich, auf wie viele verschiedene Arten Wasser in die menschliche Vorstellungskraft einströmt. Aber im Zusammenspiel mit diesen Vorstellungen können wir auch einige wichtige Veränderungen in der Frage kartieren, wie Gesellschaften in ihren praktischen Beziehungen zum Wasser mit dem Gleichgewicht der Macht umgegangen sind. Jagd- und Sammelgemeinschaften beeinflussten ihre materielle Umgebung nur subtil: ein paar Gruppen von Nahrungs- und Heilpflanzen um ihre Lager; kleine und gewöhnlich provisorische Fischfallen und Wehre, um den Fischfang zu steigern und Wasserquellen für Jagdwild zu verbessern; sorgfältiges Säubern und Instandhalten von Quellen. Im Vergleich zu dem, was folgte, waren das dezente Eingriffe.

DIE DOMESTIZIERUNG DES WASSERS

Vor rund 10 000 Jahren (wenn auch an verschiedenen Orten zu verschiedenen Zeiten) begannen menschliche Gemeinschaften, Tiere und Pflanzen zu domestizieren. Informelle Zusammenarbeit mit Hunden bei der Jagd und kleine Anpflanzungen im Umkreis regelmäßiger Lagerstätten gingen allmählich über in das Anlegen vorübergehender „Gärten“ in den Wäldern und das Einpferchen von Schweinen, Ziegen, Rentieren oder Rindern. Mit der Fähigkeit, Flöße und Kanus zu bauen, bekamen die Menschen Zugang zu neuen Teilen der Welt. So kamen zum Beispiel die Vorfahren der Maori im Pazifik aus Südostasien über Taiwan; die Lapita-Keramik verortet sie im Bismarck-Archipel östlich von Neuguinea vor 3500 Jahren.[6] Im ersten Jahrtausend v. Chr. zogen sie von Insel zu Insel über den Pazifik, über Melanesien und Neukaledonien bis nach Fidschi, Tonga und Samoa und vielleicht sogar bis Südamerika.[7] Sie reisten in großen Kanus mit Saatgut, Pflanzen und Tieren im Gepäck und verließen sich bei ihrer Suche nach winzigen Fleckchen Land im großen blauen Ozean auf ihre herausragenden Fähigkeiten im Lesen von Wind, Gezeiten und Hinweisen auf nahe Küsten. Mitte des 13. Jahrhunderts hatten es einige Kanus bis nach Neuseeland geschafft und begründeten damit Legenden über eine „Große Flotte“ von Kanus *(wakas),* in denen jeweils die Vorfahren eines bestimmten Stammes oder *iwi* angekommen sein sollen.

RECHTS Traditionelle Stabkarte von den Marquesas-Inseln (Te Papa Museum, Neuseeland)

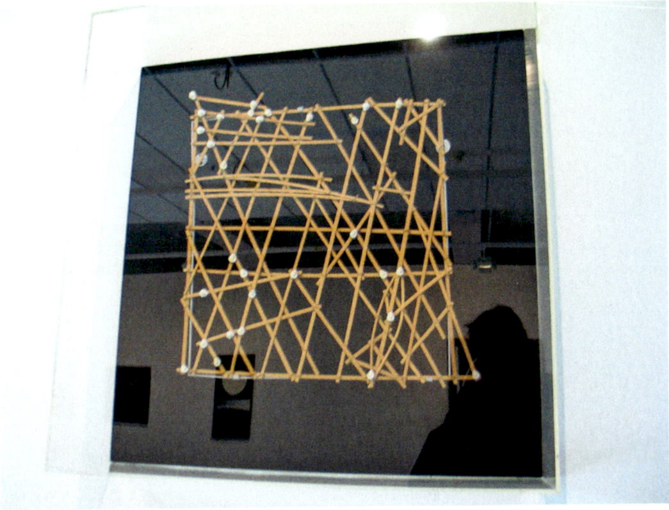

Diese Art zu leben war einigermaßen nachhaltig, auch wenn in Gegenden wie Neuseeland in großem Ausmaß Abholzungen stattfanden.[8] Doch dann kam es in einigen der größeren Gesellschaften auf der Welt zu dem, was Jared Diamond den „größten Fehler der Menschheit" nannte – der Verschiebung hin zur Landwirtschaft. Es gibt natürlich auch andere Sichtweisen: Historisch galt die Landwirtschaft generell als „Fortschritt" auf einem angenommenen evolutionären Pfad zur Zivilisation. Aber Diamond beschreibt den Ackerbau kompromisslos als „eine Katastrophe, von der wir uns nie erholt haben. Mit der Landwirtschaft kamen die krasse gesellschaftliche und geschlechtliche Ungleichheit, Krankheiten und Despotismus, der Fluch unserer Existenz."[9] Im Grunde, sagt er, mussten sich die Gesellschaften zwischen der Begrenzung des Wachstums (was wenige taten) und der intensiveren Erzeugung von Nahrung und dem Eintauschen von Vielfalt gegen weniger Nahrungsmittel, aber dafür in größerer Menge entscheiden. In den meisten Teilen der Welt herrschte wenig Druck, die Bevölkerungszahlen klein zu halten, da die erblühenden Ackerbaugemeinschaften die verstreuten und weniger zahlreichen Jagd- und Sammelgemeinschaften einfach in Randlagen vertrieben oder sie ganz überrannten – ein Prozess, der sich später mit der kolonialen Expansion fortsetzte.

Ob Segen oder Fluch, die Landwirtschaft veränderte die Beziehung des Menschen zum Wasser radikal. Zuerst behielten Feuchtgebiete noch ihre zentrale wirtschaftliche Rolle. In Südostasien und Papua-Neuguinea etwa gehörte zum

LINKS Taro-Garten, Rarotonga, Cook-Inseln

steinzeitlichen Ackerbau ein geringfügiges Lenken der Flussrichtung des Wassers in Sumpfgebieten, um das Wachstum der Taro-Pflanze zu begünstigen. Doch den größten Anreiz für eine aktivere Bewässerung bot der Reis, der sich wahrscheinlich aus wilden Reispflanzen am Oberlauf von Irrawaddy, Mekong und Jangtse entwickelte.

> „Die älteste bekannte Stätte, die mit intensivem Reisanbau in Verbindung gebracht wurde, ist Memudu am Rand des Sees Tai Hu nahe der Mündung des Jangtsekiang [...] Vor mindestens 8000 Jahren bauten die Menschen dieser und benachbarter Siedlungen offenbar in recht großem Maßstab Reis an, indem sie zurückgehendes Hochwasser nutzten [...] sowie die Grabstöcke und Steinwerkzeuge, die jungsteinzeitlichen bäuerlichen Gemeinschaften zur Verfügung standen."[10]

Dies war auch die Zeit des Aufstiegs der Gesellschaften mit Bewässerungswirtschaft. An Tigris und Euphrat in Mesopotamien und am Nil in Ägypten, entlang des Indus in Indien und des Huang He (Gelben Flusses) in China begannen die Menschen, die natürlichen Überschwemmungskreisläufe in den Flusssystemen zu nutzen, ihr Steigen und Fallen zu erfassen und ihre landwirtschaftlichen Aktivitäten entsprechend zu planen. Diese opportunistische Nutzung natürlicher

Überschwemmungen hatte geringe ökologische Auswirkungen, und Karl Butzer bemerkt, dass am Nil

> „frühe landwirtschaftliche Gemeinden weiterhin an den bewaldeten Ufern siedelten, ihre Tiere acht bis neun Monate im Jahr im Gras- und Buschland der Überschwemmungsebenen weiden ließen und ihre Felder auf dem nassen Boden des Beckens bestellten, wenn die Fluten zurückgingen. Großwild gab es damals noch zahlreich im Nil, in den Dickichten und im ‚Land der Gazellen', dem offenen Land oder der Wüste, Geflügel vor allem am Nil oder im ‚Papyrusland' - zwischen Papyrus, Schilf und Lotosinseln der Altarme, des sumpfigen Hinterlands oder den Lagunen im Delta."[11]

Schon die leichte Manipulation natürlicher Wasserbewegungen - der Bau niedriger Dämme, das Ausheben kleiner Kanäle - war arbeitsintensiv: Was man mit Grabstöcken und Steinwerkzeugen erreichen konnte, hatte seine Grenzen.

UNTEN Bewässerte Reisterrassen in Banaue, Philippinen

Einige Gesellschaften entwickelten sehr komplizierte Systeme, hydrologische Ströme zu lenken, etwa die Reisterrassen, aber auch diese funktionierten im Zusammenspiel mit den natürlichen Bewegungen des Wassers durch die Landschaft. Obwohl die Landschaft jedoch nur ganz allmählich verändert wurde, machten die Sesshaftwerdung und eine größere Abhängigkeit von jahreszeitlichen Ernten andere Arten von Wissen erforderlich, und die kosmologischen Vorstellungen passten sich entsprechend an. Viele lokale Geistwesen blieben, aber das Hauptaugenmerk verschob sich auf größere Gottheiten, die nicht nur die hierarchischeren gesellschaftlichen Vereinbarungen widerspiegelten, die sich in landwirtschaftlichen Gesellschaften allmählich durchsetzten, sondern sich auch auf die Interaktionen zwischen Sonne, Mond und Wasserströmen konzentrierten.

ERDE UND HIMMEL

Die kosmologischen Vorstellungen früher Gesellschaften mit Bewässerungswirtschaft deuten auf eine tiefe Wertschätzung der Beziehungen zwischen Himmelskörpern und den Bewegungen des Wassers zwischen Erde und Himmel hin. Die Schöpfungsmythen beschrieben zwar ein urzeitliches wasserreiches Chaos, doch in der Mythologie ging es dann eher um geordnete Vorstellungen davon, wie Wasser in jährlichen Zyklen vom Himmel kam, um das Land fruchtbar zu machen und die Feldfrüchte wachsen zu lassen.

Viele Jahrhunderte lang wurde das Gleichgewicht zwischen dem Männlichen und dem Weiblichen, das in den Kosmologien der Jagd- und Sammelgemeinschaften deutlich wird, über eine Reihe religiöser Transformationen und Zerstreuungen beibehalten. Sonnen- und Mondgottheiten wie der ägyptische Gott Ra und der brahmanische Gott Surya interagierten mit Regengöttern, um für den jährlichen Wasserstrom zu sorgen. Das Geschlecht der einzelnen Gottheiten war nicht entscheidend, einige waren auch gleichzeitig weiblich und männlich. Der Dumuzi-Kult etwa reicht bis in die frühesten sumerischen Zeiten zurück. Der Name des Gottes, *Dumu-zid-abzu,* bedeutet „der getreue Sohn des unterirdischen (Süßwasser-)Ozeans“, aber in späteren sumerischen Liturgien wurde „er“ auch *Nin-azu* genannt, „Fürst der Heilung“, *Sataran,* „die Schlangengöttin“, und *Ama-ushungal-anna,* „die Mutter Python des Himmels“.[12]

Auch im parallelen Osiris-Kult in Ägypten war Osiris zu verschiedenen Zeiten mal männlich und mal weiblich, manchmal begleitet von seiner Gefährtin Isis, der Erde. Aber vielleicht beschreibt man sie/ihn besser als eine allgemeinere

Vorstellung von aquatischer Potenz und Fruchtbarkeit, ein Sinnbild der „Vegetation des Niltals, die im Frühsommer stirbt, wenn sie in der Leben bringenden Nilschwemme untergeht, und wieder zum Leben erwacht, wenn die Fluten zurückgehen".[13]

RECHTS Die altägyptische Gottheit Osiris

In uralten Begriffen und Symbolen wird Wasser oft mit Fruchtbarkeit verknüpft. Bezeichnenderweise wird mit dem Aufstieg der Landwirtschaft in frühen hebräischen und arabischen Schriften eine weit verbreitete Vorstellung von der Männlichkeit als „dem Bewässernden" sichtbar.[14] Das assyrische Keilschriftzeichen für Wasser wurde auch im Sinne von „zeugen" verwendet. Im Alten Testament ist das Haus Jakob „aus den Wassern Judas hervorgegangen […] Von seinen Schöpfeimern rinnt das Wasser, reichlich Wasser hat seine Saat."[15] Im hebräischen Begriff *shangal* für Geschlechtsverkehr klingt das arabische *sadjala* an, „Wasser verschütten". Und im Koran wird das Wort *mâ'un* (Wasser) auch für den männlichen Samen verwendet.[16]

Wie die urzeitlichen Schöpfungsmythen, die mit dem Fließen des Wassers die hydrologische Schöpfungsmacht in Begriffe fassten, griffen auch die Vorstellungen großer Regen bringender Gottheiten auf die Eigenschaften des Wassers und seine Bewegung durch die Welt zurück. Wie der ewige Ouroboros waren solche Gottheiten oft schlangenähnliche Wesen, die in kreisförmigen Bewegungsmustern dahinglitten. So heißt es in einer Anrufung des Osiris denn auch: „Du

LINKS Siebenköpfige Schlange in einem Tempel in Saigon (Vietnam)

bist groß, du bist grün im Namen des Großen Grünen Wassers; siehe, du bist rund wie der Große Kreis."[17] Francis Huxley vergleicht ihn mit dem Himmlischen Leguan der Maya:

> „Im Namen *Itzim Na* – Itzam bedeutet ‚Leguan' und Na ‚Haus' oder ‚Frau' – schwingen Milch, Tau, Wachs, Harz und Pflanzensaft mit. *Itzam Na* ist bisexuell; das männliche Prinzip ist im Himmel ‚inmitten der Wellen', seine Gefährtin ist die treulose Erde, Göttin des Webens und Malens, deren Liebhaber, der Mond, ihren Gatten jährlich entmannt."[18]

Es ist nicht schwer, die Vorliebe früher Agrargesellschaften für hydrologische Schlangenwesen aus Wasser und Kraft zu verstehen, die in einem Kreislauf zwischen Erde und Himmel Leben erzeugen. Der babylonische Ea, der indische *Nāga,* die „gehörnte Schlange" der Pueblo – sie alle bringen die Bewegungen

RECHTS Chinesischer Drache in der Verbotenen Stadt, Beijing

des Wassers zum Ausdruck, von denen die Landwirtschaft abhing. In Texten wie dem *I Ging* werden frühe chinesische Drachen im Spiel mit der himmlischen Perle/dem Mond beschrieben als

> „ein Wassertier wie die Schlange, die im Winter in Wasserbecken schlief und im Frühling erwacht […] Er ist der Gott des Donners, der gute Ernten bringt, wenn er im Reisfeld erscheint (als Regen) oder im Himmel (als dunkle und gelbe Wolken), mit anderen Worten, wenn er dafür sorgt, dass der Regen den Boden fruchtbar macht."[19]

Wie die ältere australische Regenbogenschlange waren viele dieser Wesen sprachlich mit dem Regenbogen verknüpft. So ist das chinesische Wort *lyong* für Regenschlange oder Drache verwandt mit *ghung* (Regenbogen), *kyung* (Bogen), *lyung* (gebogen), *k'ung* (hohl), *lyong* (Buckel oder Erdhügel) und *k'yung* (Gewölbe, Kuppel). Diese linguistischen Verknüpfungen spiegelten sich im visuellen Aspekt wider: Der chinesische Drache schlängelt sich typischerweise in Form eines Bogens dahin. In der frühen Kunst Süd- und Ostasiens tauchen Wasserwesen in Form eines Regenbogens auf, wie der indische Makara als Regenbogen mit einem monströsen Kopf an jedem Ende. Chinesische Versionen dieses Bildes mit nach außen blickenden Köpfen beeinflussten auch die Skulpturen von See- und Regendrachen in Kambodscha und Java.[20]

Indem sie sich die hydrologischen Zyklen zunutze machten, die diese herrlichen Wesen verkörperten, gelang den aufstrebenden Agrargesellschaften der Anbau einer Vielzahl von Feldfrüchten. An jungsteinzeitlichen Stätten in der Levante fand man Samen und Spreu von Gerste, Weizen und verschiedenen Hülsenfrüchten. Mit der Verbreitung von Bewässerungspraktiken wurden immer mehr Pflanzen und Tiere domestiziert, sodass die Menschen Flachs, Bohnen, Mais, Baumwolle, Sojabohnen und Reis anbauen und später Früchte wie Datteln, Feigen und Oliven kultivieren konnten.

Weil sie so sehr von den jährlichen Überschwemmungen abhängig waren, die ihnen ihre schlangenartigen Regenbringer schickten, und Angst vor jeglicher Vorenthaltung des Wassers hatten (und vor übermäßigen Überschwemmungen, die ein Ausdruck für den Zorn der Gottheit waren), hielten die frühen Gesellschaften mit Bewässerungswirtschaft diese Wesen und die Flüsse, die sie verkörperten, hoch in Ehren. Sie boten ihnen Opfer dar – manchmal auch Menschenopfer – und legten damit den Grundstein für eine Reihe von Vorstellungen über die Forderungen der Gewässer nach Opfern, die in vielgestaltiger Form über Jahrtausende auf der ganzen Welt bestehen blieben. Viele Flüsse wurden als individuelle Gottheiten gesehen; am Indus, wo um 2600 v. Chr. eine frühe Bewässerungskultur ihre Blütezeit erlebte, galt der Fluss als Göttin und Mutter und wurde mit Ritualen verehrt, die noch heute vollzogen werden.

Zu solchen Ritualen gehörten oft auch Trankopfer. So beschreiben Pyramidentexte in Gräbern aus der fünften und sechsten Dynastie Ägyptens, wie Trankopfer aus „Gottes Flüssigkeit“ – dem Wasser des Nils/Osiris – zusammen mit Zaubersprüchen den verschrumpelten Leichnam wieder zum Leben erwecken würden.[21] Wie der keltische „Grüne Mann“ oder der griechische Meeresgott Glaukos war Osiris bekannt als der/die „Immergrüne“ oder „Grüne“ und hinterließ angeblich grüne Fußspuren, wo immer er/sie ging. Frühe Verbindungen zwischen Wasser und ewigem Leben werden auch in der alten islamischen Geschichte von der Entdeckung der Quelle des Lebens durch al-Chidr deutlich, die in vielen Mythen als Jungbrunnen wieder auftaucht.

Man sieht also, dass die Bedeutung von Wasser als schöpferische, generative Quelle relativ nahtlos aus den eher lokalen Vorstellungen der Jagd- und Sammelgemeinschaften von uralten spirituellen Wesen in die größeren überschwemmungsbasierten kosmologischen Modelle früher Agrargesellschaften überging. Und es scheint, dass sie auch ähnliche Rituale vollzogen, um die Gottheiten, die die Auswirkungen und die Macht des Wassers verkörperten, zu ehren und zu besänftigen.

RECHTS Ägyptische Göttin in einem Baum beim Trankopfer mit einer knienden Frau und Ba-Vogel. Gemalte Dekoration auf einer hölzernen *shabti*-Kiste

AUFGESTAUT

Im Laufe der Zeit eröffneten landwirtschaftliche Produktivität, die Erfindung von Metallwerkzeugen und die Domestizierung von Rindern (und damit die Nutzung von Ochsen als Zugtieren) neue Möglichkeiten der Bewässerung und intensiveren Landwirtschaft. Man vermutet, dass ein regionaler Klimawandel um 3000 v. Chr. im Nahen Osten einen zusätzlichen Impuls gab, als auf eine prädynastische Periode mit häufigen Regenfällen eine immer ausgeprägtere Trockenperiode folgte.[22]

Mit der Kombination dieser (und zweifellos vieler anderer) Faktoren begann für die Agrargesellschaften ein wichtiger Übergang hin zu mehr lenkenden Beziehungen zu ihrer Umgebung, insbesondere zu Wasser. Diese Veränderungen und das fortgesetzte Populationswachstum wirkten sich begleitend auf die gesellschaftliche und politische Organisation aus und führten zu größeren Unterschieden in den Machtbeziehungen. Neue religiöse Formen spiegelten diese Veränderungen wider, indem sie zunehmend vermenschlichte Gottheiten

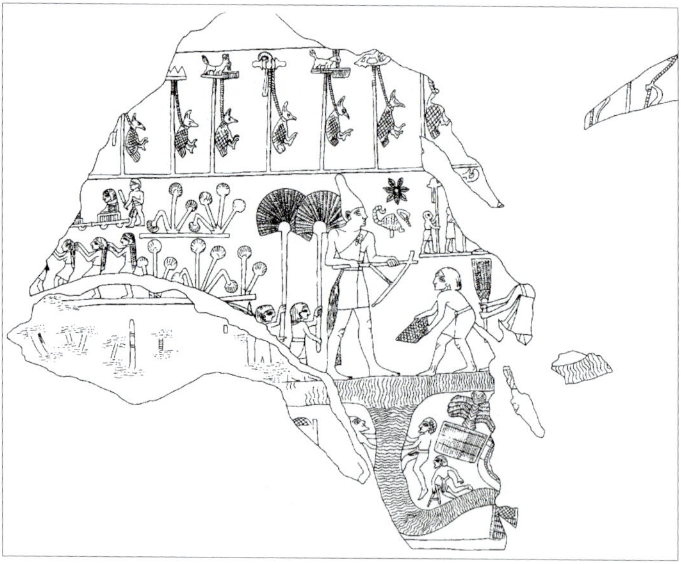

LINKS König Skorpion II., Keulenkopf des Narmer, um 3100 v. Chr

beschrieben und damit implizierten, dass die Handlungsmacht von animistischen, nichtmenschlichen Wesen in menschliche Hände übergegangen war.

Mit der Entwicklung von Bewässerungstechnologien wurden menschliche Oberhäupter immer gottgleicher. Im alten Ägypten und in Babylonien wurde der König beim Einführen von Bewässerungsprogrammen gezeigt, um seine Güte zum Ausdruck zu bringen. Im Laufe der Zeit sah man in ihm nicht mehr nur den Versorger mit Wasser, der die Wüste fruchtbar machte, sondern die Personifizierung der kreativen Macht des Wassers selbst. Landwirtschaftlicher Erfolg und das Wohlergehen der Menschen spiegelten damit die Lebenskraft des Königs wider.[23]

In einer der frühesten Aufzeichnungen über Bewässerungstechnologien auf einem ägyptischen Keulenkopf um 3050 v. Chr. sticht König Skorpion II. die erste Sode für einen Bewässerungskanal. Die Darstellung, die außerdem einen Mann mit einem Korb (voller Samen) und einen weiteren mit mehreren Maiskolben zeigt, bezieht sich gleichzeitig auf eine wichtige Zeremonie, mit der die jährliche Nilschwemme gefeiert wurde – den „Tag des Flussbrechens“. Diese Zeremonie wurde noch im 19. Jahrhundert praktiziert.[24]

Eine weitere Ebene menschlicher Kontrolle (oder wenigstens ihre Illusion) war das sorgfältige Messen des steigenden und sinkenden Nilpegels mit Nilometern, Steinkammern mit Markierungen der jährlichen Wasserstände. Sie standen

RECHTS Nilometer, Elephantine (Ägypten)

mit Tempeln des Gottes Serapis in Verbindung, der als Verursacher der Überschwemmungen galt.

Um 3000 v. Chr. baute König Menes den ersten Staudamm auf dem Nil und ernannte sich zeitgleich zum ersten Pharao. Andere Dämme folgten, ebenso ausgefeiltere Bewässerungstechniken. Künstliche Seen und Kanäle wurden angelegt. Am Indus entstanden persische Wasserräder und Staudämme, und in China erzählen viele Geschichten, wie der Mensch die Macht über das Wasser erlangte. Von einem großen Helden der chinesischen Antike, Yu dem Großen, wird erzählt, er habe die Zivilisation in die Region gebracht. Angeblich wegen seiner moralischen Tugend gaben die Götter ihm die Macht, das Gebiet zu ordnen. Seine legendäre Leistung war die Umleitung des Huang He, des Gelben Flusses (zuvor durch ein hohes Gebirge blockiert), und schließlich die Herrschaft über alle Flüsse in China. Wie viel politische Macht ihm diese Nutzbarmachung des Wassers einbrachte, demonstrierte er, indem er die erste Dynastie der Geschichtsschreibung gründete, die Xia-Dynastie (2207–1788 v. Chr.), und Chinas erster Herrscher wurde.[25]

Das verdeutlicht einen zentralen Punkt: dass die Schaffung komplexer Bewässerungstechnologien den Menschen nicht nur mehr Kontrolle über die materielle Umwelt und nichtmenschliche Arten gab, sondern auch mehr Kontrolle innerhalb menschlicher Gesellschaften erforderte, um sowohl mit der geteilten Infrastruktur als auch mit den größeren und konzentrierteren Populationen umzugehen, die durch die intensivere Nahrungsmittelerzeugung ermöglicht wurden.

Große infrastrukturelle Einrichtungen mussten verwaltet werden und machten Zusammenarbeit erforderlich. Durch Gesetze wie den Codex Hammurapi, eine wichtige Kodifizierung sumerischer und babylonischer Gesetze, die 1772 v. Chr. in eine Stele gemeißelt wurden, verlangten die Gesellschaften mit Bewässerungswirtschaft von ihren Mitglidern zunehmend, kollektiv Verantwortung für die Instandhaltung von Kanalufern und das Ausheben von Kanälen zu übernehmen. Und genau durch solche Veränderungen wichen die polytheistischen Religionen mit ihren männlichen und weiblichen Gottheiten in den am dichtesten bevölkerten Teilen der Welt allmählich Vorstellungen von einem obersten Anführer und patriarchalen Monotheismus.

PATRIARCHALE GEWÄSSER

> „Allmächtiger Gott! Keine Hand als deine
> kann diese Gezeiten lenken;
> strecke deinen Arm der göttlichen Macht aus
> und gebiete der Flut zu weichen.“[26]

Frühe jüdisch-christliche und arabische Texte zeugen von einer Reihe von Übergängen, in denen verschiedene Götter und Propheten zugunsten eines allgegenwärtigen, allmächtigen und letztendlich einzelnen männlichen Wesens aufgegeben wurden. Die Sintflutgeschichten in beiden religiösen Traditionen behielten die Vorstellung von Wasserchaos und Unordnung bei, wurden aber in einen Ausdruck erst der Bestrafung, dann der Vergebung eines allmächtigen Gottes umgedeutet. In diesen Texten erschienen die leviathanischen Wasserschlangen, die für frühere religiöse Traditionen einen so zentralen Stellenwert gehabt hatten, allmählich nicht mehr als mächtige (wenn auch gefährliche) kreative Wesen, sondern sehr viel negativer als die Unordnung an sich.

In den größeren, mächtigeren Gesellschaften wurde die materielle Welt immer mehr zur weiblichen Natur, im Kontrast zur menschlichen (männlichen) Kultur. Diese Aufspaltung lieferte einen ganz anderen Sinn von Ordnung als die früheren, ganzheitlicheren Kosmologien, in denen das Nichtmenschliche, einschließlich der Gewässer der Welt, mit der Menschheit zusammengearbeitet hatte. Das Nichtmenschliche, nun zum „anderen" umgestaltet, musste jetzt durch den Menschen (und den Mann) beherrscht werden. Es gab chaotisches Wasser – die unkontrollierbaren Überschwemmungen, die sich nicht eindämmen ließen – und „gutes" Wasser: Regen, der nachts und in den richtigen Mengen fiel, und Wasser, das genau nach Bedarf in kontrollierten Bewässerungsgräben floss. Das Bild des Paradieses, das zunehmend die monotheistischen religiösen Texte dominierte, ist daher das eines kontrollierten und sorgfältig gegossenen landwirtschaftlichen Gartens:

> „In den Jahwist-Mythen geht es oft um Bewässerung und Erzeugung – Gott ‚pflanzte einen Garten in Eden', ‚ein Strom entspringt in Eden, der den Garten bewässert [...] Gott, der HERR, nahm den Menschen und gab ihm seinen Wohnsitz im Garten von Eden, damit er ihn bearbeite und hüte.'"[27]

Und es war der patriarchale, vermenschlichte Gott, der dieses Wasser gab und die Befehlsgewalt darüber behielt und so den früheren Naturgottheiten ihre Macht entriss. Bibel und Koran sind voller Bilder, in denen Wasser durch Seine Güte gegeben wird, vom Tempel hinabfließt, um fruchtbare Bemühungen zu düngen, um zu säubern und reinzuwaschen und – in späteren Narrativen – um spirituelle Weisheit und rationale Erleuchtung zu bringen.

In diesem Überblick wird deutlich, dass jede religiöse und materielle Beziehung zu Wasser sich auf frühere Vorstellungen stützte, sie in sich aufnahm und neu formte. Mit den monotheistischen Religionen kamen wasserwirtschaftliche Praktiken, die zunehmend lenkten und instrumentalisierten. Da nun sowohl die kosmologische als auch die materielle Macht und Handlungsgewalt voll und ganz in den Händen der Menschen lag, wurde es zwingend notwendig, frühere und nun subversive Vorstellungen von nichtmenschlichen Mächten zu unterdrücken.

Es folgte eine Flut von Schlangentötungen. Nach der Vorlage früherer babylonischer und mesopotamischer „Kampfmythen", in denen die großen Leviathane des frühen Chaos vernichtet werden, beschreiben diese Geschichten (meist) männliche Kulturhelden - moralisch überlegene Krieger, deren Aufgabe darin bestand, die menschliche Autorität über die aufsässigen und sündigen Mächte der Natur zu demonstrieren, sowohl im Innen als auch im Außen. Der heilige Georg und der Erzengel Michael sind die bekanntesten Beispiele, die in zahlreichen Bildern auftauchen, wo sie entweder Schlangen oder „Ketzer" töten, aber auch viele frühe christliche Heilige verdienten sich ihre Sporen durch das Drachentöten. Solche Geschichten folgten dem Monotheismus in verschiedene Teile der Welt und brachten etwa den nordischen Siegfried und Beowulf hervor, den griechischen Herkules, in der persischen Mythologie einen Helden namens Mithra und in indischen Texten Krishna und Aghasura.[28]

In der Fülle der visuellen und narrativen Bilder, die diese Heldentaten beschreiben, wird die Schlange, auch die Schlange im Garten Eden, oft als weiblich dargestellt. Auf diese Weise stand das schlangenartige Wasserwesen als Symbol für die Natur und die religiösen Traditionen, die nichtmenschliche Gottheiten verehrten, für untergeordnete und (in monotheistischen Begriffen)

LINKS Der heilige Georg im Bruges Garter Book, einem illuminierten Manuskript aus dem 15. Jahrhundert

OBEN Krishna tötet die Schlange Aghasura, 1675–1700

heidnische Glaubensvorstellungen. Im Verlauf der Entwicklung des biblischen Narrativs wurde es zunehmend zur Verkörperung des Bösen umgedeutet. Im Mittelalter wurde die Schlange im Einklang mit den damaligen Vorstellungen von Tod und Auflösung oft nicht nur als Leviathan dargestellt, der aus der Tiefe steigt, sondern auch als „Höllenschlund", der am Jüngsten Tag die Seelen verschlingt. Diese Ausrichtung von Konzepten ist alles andere als überholt: In der 1969 erschienenen *Satanischen Bibel* verkörpert der Leviathan noch immer das Element Wasser und sein Potenzial sowohl für Schöpfungskraft als auch für Zerstörung.[29]

Das Verschmelzen von Vorstellungen, die Natur und insbesondere Wasser als weibliche Konzepte begriffen, ging Hand in Hand mit der Geltendmachung männlicher Autorität in der religiösen, gesellschaftlichen und politischen Ordnung, in Beziehungen zur materiellen Welt und insbesondere im Hinblick auf Wasser. Damit ermöglichte die Bewässerungswirtschaft ein neues kosmologisches Konzept der menschlichen Dominanz, und umgekehrt ermöglichte diese Vorstellung auch die Weiterentwicklung von Bewässerungstechniken.

5 UMLEITUNGEN

VERFÜHRERISCHE MÄCHTE

Frühe Bewässerungspläne waren ein Quantensprung in der Fähigkeit menschlicher Gesellschaften, ihre materielle Umgebung zu kontrollieren und größere Populationen zu versorgen. Das Element des Lebens lenken zu können, es aufzustauen und damit zu „besitzen", war daher ein höchst verführerischer Gedanke. Es ist nicht schwer, den Reiz von Staudämmen und Kanälen zu verstehen: die Befriedigung, Felder zu bewässern und grüne Spitzen aus der Erde sprießen zu sehen, die Fähigkeit, „die Welt zu begärtnern", ob im großen Maßstab der Landwirtschaft oder in kleinen häuslichen Bereichen.[1] Sobald die Menschen damit anfingen, sich eher lenkend mit Wasser zu beschäftigen, entstand daraus der Anreiz, immer mehr zu tun: größere Staudämme und Kanäle zu bauen, den Strom der Ereignisse zu lenken. Tatsächlich könnte man sagen, dass die Kontrolle über das Wasser mehr als alles andere die Beziehung der Menschheit zu den anderen Arten auf der Erde veränderte und die Vorrangstellung menschlicher Handlungsmacht zementierte.

Diese Macht hatte auch immer eine potenzielle Wettbewerbskomponente: Flüsse konnten aufgestaut und Feinden flussabwärts vorenthalten oder mit gottähnlicher Macht wie eine Sintflut über sie geschickt werden.[2] Der assyrische König Sanherib (reg. 705–681 v. Chr.) staute den Euphrat auf, um Babylon eine Flut zu schicken.[3] „Ich, Sanherib, König von Assyrien, wurde durch den Willen Gottes zu diesem Werk gebracht und es wurde bedeutend."[4] Sanherib war auch ein fähiger Wasserbauingenieur und erfand Wasserhubgeräte, die den Baumwollanbau in Assyrien möglich machten. Er schuf grüne Gärten, bewässerte große Pflanzungen und schenkte den Menschen „herrliche Quellen". Er hielt mit seinen Leistungen auch nicht hinter dem Berg und beschrieb auf einer Keilschrifttafel, wie er in Ninive

> „achtzehn Flüsse [graben ließ]; ich ließ sie in den Fluss Husur (Chosr) leiten und ihre Betten von den Grenzen der Stadt Kisir bis nach Ninive hinein, den Fluss hob ich mit einem Graben aus; ihr Wasser ließ ich darin hinabfließen [...] Ich brachte die Kraft dieses Wassers aus dem Land von Taz, schwierigem

> Berggelände an den Grenzen zu Akkadien, in mein Land […] Auf den Steinen dieses Flusses ‚die Öffnung von Sanherib' ließ ich seinen Namen aufzeichnen […] den Fluss Chosr ließ ich lenken, und seinen Kanal brachte ich aus der Ferne nach Ninive, der obersten Festung, dem Sitz meiner Herrschaft."[5]

Flüsse mit gewaltigen jährlichen Schwemmen für die Bewässerung zu nutzen, war jedoch nicht immer von Erfolg gekrönt. Die Gruppen, die sich zwischen 3000 und 1500 v. Chr. am Indus ansiedelten, bauten ein höchst ausgeklügeltes Wasser- und Abwassersystem: ein Großes Bad, das im Wasserbauingenieurswesen noch heute als außergewöhnlich gilt;[6] Wasserspeicher und Bewässerungskanäle; Brunnen in jedem dritten Haus und öffentliche Bäder. Regenmesser tauchten zuerst in Indien auf, und Aufzeichnungen zeugen von der akribischen Beachtung von Niederschlagsmustern und Bodentypen bei der Festlegung von Anbaumethoden. In einer Abhandlung über die Verwaltung, der *Arthasastra des Kautilya,* wird auch eine Behörde für Wasserrecht erwähnt. Doch wie andere Flüsse mit großen jährlichen Überschwemmungen veränderte auch der Indus seinen Lauf, und wie schon in Mesopotamien machte es mehr und mehr Arbeit, die Kanalufer zu erhalten und das Verschlammen der Kanäle zu verhindern; zudem führte die Bewässerung aus dem Indus zu einer Versalzung des Bodens, die giftig für die Nutzpflanzen war.[7]

Die Unzulänglichkeit menschlicher Kontrolle zeigte sich, als die Ereignisse einen noch verheerenderen Verlauf nahmen. Der Koran berichtet vom Brechen des Staudamms von Ma'rib um 400 v. Chr. Das zwischen 100 und 700 v. Chr. errichtete Bauwerk galt als eins der Weltwunder, doch Gott konnte immer noch strafen: „Die Sabaer hatten ja in ihrem Wohnort ein Zeichen: zwei Gärten zur Rechten und zur Linken. […] Aber sie wandten sich ab. Da sandten Wir gegen sie die Flut des Staudammes, und Wir tauschten ihnen ihre zwei Gärten aus gegen zwei Gärten mit bitterem Ernteertrag […]."[8]

In mancher Hinsicht waren Bewässerungssysteme einfacher in Gegenden anzulegen, wo die jährlichen Wasserflüsse weniger volatil waren. Technologie konnte auch in kleinem Maßstab recht effektiv sein, selbst in trockenen Gebieten. So wurden etwa im ersten Jahrtausend v. Chr. in Ägypten und benachbarten Regionen durch die verbreitete Nutzung von *quanāts* beachtliche landwirtschaftliche Erfolge erzielt, die über eine Abfolge senkrechter Brunnenschächte, die unterirdische Tunnel miteinander verbanden, Wasser aus Berghängen herantransportierten. Und im 7. Jahrhundert wirkten sich persische Schöpfräder, *norias,* stark auf die Wasserwirtschaft aus.

OBEN Alte *noria* in Hama (Syrien)

LINKS Der Pont du Gard in der Provence, erbaut von den Römern, war 50 km lang und brachte Wasser aus einer Quelle in Uzès in die römische Kolonie Nemausus (Nîmes).

Gemäßigtere Gebiete mit höheren Populationsdichten erforderten Wasserversorgungssysteme in größerem Maßstab, insbesondere, als um 600 v. Chr. im Mittelmeerraum die ersten urbanen Gesellschaften entstanden. Ähnlich konstruktiv war in diesen Gesellschaften die Fähigkeit, die Kraft des Wassers für Arbeiten zu nutzen, die vorher eine große Anzahl menschlicher Arbeitskräfte erfordert hatten. Als Teile der Bevölkerung nicht nur von der Nahrungsmittelerzeugung befreit waren, sondern auch so viel Wohlstand angehäuft hatten, dass sie eine Menge Freizeit zur Verfügung hatten, machte das Einströmen von Wasser in die Städte auch einen Strom von Ideen möglich, zu denen unter anderem wissenschaftliche Experimente und die Entwicklung noch besserer Technologien gehörten.

Ein Beispiel für diese deutlich stärker lenkende Beschäftigung mit Wasser ist das frühe römische Reich. Nachdem die Römer große Gebiete erobert und dabei zahlreiche Menschen versklavt hatten, konstruierten sie einige der beeindruckendsten Aquädukte der Welt. 312 v. Chr. baute Claudius Caecus das erste, die Aqua Appia, und in den nächsten Jahrhunderten wurden im ganzen römischen Reich nicht nur eine Vielzahl von Aquädukten und unterirdischen Kanälen, sondern auch von Abwassersystemen, Straßen und Häfen angelegt.

Zwischen 27 und 17 v. Chr. schrieb Marcus Vitruvius Pollio, einer der berühmtesten Wasserbauingenieure Roms, die Abhandlung *De Architectura,* die Tipps für die Wassersuche gab und anhand griechischer Theorien über Wasserkreisläufe über den Ursprung heißer und kalter Quellen spekulierte. Er schrieb auch einen Teil des Ingenieurwissens nieder, das zu jener Zeit entstand und Wasseruhren und Saugheber hervorbrachte sowie Wasserräder und archimedische Schrauben, mit denen Wasser aus Bergminen gefördert werden konnte.

Vitruvius' Arbeit lieferte die Grundlage für die von Sextus Julius Frontinus (um 40–103), der in seinem Text *De Aquaeductu* dem Kaiser über die Aquädukte von Rom berichtete. Er beschrieb darin das Wasserversorgungssystem in allen Einzelheiten, inklusive Quellen und Größe der einzelnen Kanäle sowie ihrer Abflussmenge. Der Text gibt auch einen Überblick über die Gesetze im Zusammenhang mit Nutzung und Instandhaltung des Systems und merkt den Hang der bäuerlichen Bevölkerung und der Handelnden vor Ort an, das System illegal

UNTEN Michael Zeno Diemer (1867–1939), *Wasserleitungen im alten Rom*

anzuzapfen.[9] Vor allem aber legte die Entwicklung des römischen Rechts die Fundamente für individuellere Konzepte von Eigentum und der Privatisierung von Wasserressourcen.[10]

Die Möglichkeit, Wasser in die Städte zu bringen, hatte eine Reihe von Auswirkungen; nicht zuletzt machte sie „die Metropole“ erst möglich. Ebenso wichtig wie der Zustrom von Wasser in die Städte war die Möglichkeit, Abwasser abzuleiten. Rom hatte den Großen Abwasserkanal, die *Cloaca Maxima* (Namenspatin der entsprechenden Ausscheidungsöffnungen bestimmter Tiere). Sie wurde gebaut, um Sumpfland trockenzulegen und Abwasser abzuleiten, und brachte so einen höheren Lebensstandard mit sich. Dionysios von Halikarnassos äußerte dazu im 1. Jahrhundert v. Chr. folgende Meinung:

> „Die drei bedeutendsten Arbeiten Roms, an denen die Größe des Reiches am besten sichtbar wird, sind die Aquädukte, die gepflasterten Straßen und die Abwasserkanäle [...] Wasser wird über Aquädukte in solchen Mengen in die Stadt geleitet, dass wahre Flüsse durch die Stadt und die Abwasserkanäle fließen.“[11]

Wichtig war den Wassernutzenden in Rom auch die Qualität ihres Wassers und die besonderen Eigenschaften der einzelnen Wasserquellen, die sie nicht vermischt sehen wollten. Aquäduktkanäle wurden so gut wie möglich voneinander getrennt, und Plinius der Ältere berichtete, dass die Aqua Virgo, die den Trevibrunnen in Rom speiste, „sich weigerte, sich mit dem Wasser eines nahen Wasserlaufs zu mischen, der dem Herkules geweiht war, und deshalb Jungfrau *(virgo)* genannt wurde“. Die Konzepte von Reinheit und Verschmutzung waren eindeutig schon damals von Bedeutung, und der römische Senator Cassiodorus, der etwa zwischen 490 und 585 lebte, bemerkte, dass der „reinste und wunderbarste aller Wasserläufe an der Aqua Virgo entlanggleitet, so benannt, weil keine Verunreinigung sie je beschmutzt“.[12]

Roms Aquädukte und unterirdische Kanäle waren so effektiv, dass dort in der Antike mehr Wasser pro Kopf zur Verfügung stand, als es in vielen heutigen Städten möglich ist. Wasser wurde in hohen Zisternen *(castella)* gespeichert und über ein Netzwerk aus Bleirohren mit Ausgüssen verbunden. Wohlhabende Familien hatten Sanitärinstallationen im Haus, und es gab viele raffinierte Springbrunnen, die nicht nur als öffentliche und private Trinkwasserspender dienten, sondern auch die Kraft des Wassers sowie Wohlstand und Ansehen von Rom feierten.

OBEN Canopus in der Hadriansvilla
n Tivoli (Italien), um 130 n. Chr

Wie die Monarchen in den Palästen des Nahen Ostens der Antike brachten reiche römische Familien ihren Elitestatus durch den Besitz privater und häufig dekorativ-opulenter Wasser- und Springbrunnen zum Ausdruck und durch den verschwenderischen Umgang mit Wasser in ihren Häusern – eine materielle Erinnerung an die symbolische Bedeutung und praktische Realität von Wasser als Quelle von Wohlstand und Macht. Die Beziehung zwischen Wasser und Macht wurde zunehmend deutlich, als die Fähigkeit, den Wasserfluss zu lenken, nicht nur eine größere landwirtschaftliche Kapazität möglich machte, sondern auch Gesellschaften mit fortschrittlicher Technologie erlaubte, neue Produktionsformen zu entwickeln.

In den gemäßigten Klimazonen mit ihren zahlreichen Wasserläufen erlebte die Wasserkraft bald einen Aufschwung. Die Möglichkeit, menschliche und tierische Muskelkraft durch eine mechanische Kraft zu ersetzen, veränderte die Art, wie die Menschen über Wasser, Arbeit und die Natur dachten.[13] Es erlaubte den Eroberern auch, Populationen nicht nur durch militärische Stärke, sondern auch mithilfe von Technologie unter Kontrolle zu bringen, indem sie in kolonisierten Gesellschaften neue produktive Praktiken einführten. So unterwarfen etwa nach der frühen Kolonisierung und Versklavung keltischer Stämme in Britannien die Normannen bei ihrer Invasion die einheimische Bevölkerung; teilweise war das der wirtschaftlichen Expansion durch eine massive Zunahme der Anzahl von Wasserrädern und Mühlen geschuldet. Das Domesday Book (1086) verzeichnet über 6000 solcher Mühlen in England, in denen Getreide und Mehl gemahlen sowie Papier und Tuch hergestellt wurden.

Mit zunehmend industriellen Produktionsformen wie der Eisenverarbeitung war die Nutzung von Wasserkraft bald ein wichtiger Wachstumstreiber, was einen utilitaristischeren Umgang mit Wasser und dem weiteren Umfeld mit sich brachte. Damit begann ein Trend, der heute noch anhält: Immer stärker mechanisierte Formen der landwirtschaftlichen Produktion erforderten immer weniger Arbeitskräfte, während die aufkeimenden Industriefabriken die Menschen weg vom ländlichen Leben in die Städte zogen.

Die Kombination aus größerer Produktivität und expandierenden Populationen führte unweigerlich zu einem Drängen nach räumlicher Expansion. Spezialisiertere Produkte wie Mineralien oder Baumwolle erforderten zudem ein größeres Netz von Handelsbeziehungen. Staaten, die um Regionen, Monarchien und Religionen herum im Entstehen begriffen waren, streckten daher auf der Suche nach Ressourcen und Siedlungsland erforschend, handelnd und hegemonial ihre Fühler in die Länder aus, in denen kleinere, weniger mächtige Gesellschaften mit selbstversorgender Agrarwirtschaft oder Naturweidewirtschaft oder Jagd- und Sammelgemeinschaften lebten. Auch für diese Bestrebungen waren Wasser und die Fähigkeit, Meere zu überqueren und an Wasserläufen entlang zu reisen, von entscheidender Bedeutung.

VERBINDUNGEN ÜBER WASSER

Zwischen 500 und 200 v. Chr. segelten arabische Handelsschiffe an die westindische Malabarküste und die chinesischen nach Nordvietnam. Malaiische und indonesische Schiffe brachten Waren an den Golf von Bengalen und profitierten vom wachsenden Handel zwischen Indien und Rom. In den späteren Jahrhunderten des ersten Jahrtausends n. Chr. stießen die Wikinger mit ihren Langschiffen über die kalten nördlichen Meere vor.

In den wärmeren Klimazonen wurden die Straße von Malakka und die südliche Javasee zu Zentren des Wohlstands, als asiatische Gewürze in Europa

OBEN Rekonstruiertes Wasserrad an der Abbaye de Fontenay nahe Dijon (Frankreich)

immer gefragter waren. Viele Luxusgüter wurden mit Karawanen über Land transportiert, aber die Routen über Meere und Flüsse gewannen immer mehr an Bedeutung, vor allem, als das Handelsvolumen stieg. Über die Häfen Mokka und Aden gelangten Rohstoffe vom Indischen Ozean nach Europa und Kleinasien, und im ersten Jahrtausend n. Chr. förderten die Tang- und die Song-Dynastie in China den Handel mit Europa und den neu entstehenden muslimischen Gesellschaften.[14]

Der Bedarf an gut zugänglichen Häfen und Transportwegen dorthin verlieh den Flüssen und insbesondere ihren Mündungen eine neue Bedeutung. So entwickelte sich etwa das untere Mekong-Delta zu einem wichtigen Handelszentrum, und weltweit entstanden an Mündungsgebieten immer mehr städtische Siedlungen.

Der Seehandel sorgte natürlich nicht nur für einen Austausch von Gütern; auch Menschen und Ideen bewegten sich entlang der Handels- und Militärrouten. Wichtige kulturelle Dialoge entstanden zwischen China und Indien, dem Nahen Osten und Europa und ermöglichten die Ausbreitung des Islam.[15] Durch den Seehandel bildeten sich muslimische Enklaven in Java und Sumatra, und die ersten muslimischen Staaten wurden um 1200 gegründet. Um 1500 gab es Sultanate auf der malaiischen Halbinsel und islamische Reiche in Persien, Indien, Irak, Syrien und Ägypten, und dieser Strom des islamischen Glaubens über die Meere setzte sich fort, bis die Portugiesen nach ihrer Eroberung Malakkas 1511 dort den christlichen Glauben einführten.

Das Christentum hatte als kleine Inseln in der Levante begonnen und verbreitete sich rasch über Nordafrika und Europa. Nach den portugiesischen Fahrten entlang der Atlantikküste 1418 und Vasco da Gamas erfolgreicher Indien-Expedition 1498 gelangte diese neue Religion in den folgenden zwei Jahrhunderten in die entferntesten Winkel der Erde. Expeditionen wurden mit religiösen, politischen und wirtschaftlichen Zielen unternommen, und es gab zunehmend konkurrierende Expeditionen über die Meere, in denen die portugiesische, spanische, französische, englische und niederländische Marine um die Kontrolle über die Ozeane und die neuen Kontinente wetteiferten, die sie verbanden.

Marinekommandanten umschifften Landmassen, berichteten über ihre Topografie, ihre Häfen und was man über ihren Küstenverlauf, ihre Flora und Fauna und ihre Menschen in Erfahrung bringen konnte. Sobald sie an Land gegangen waren, machten sich die Entdecker über große Flüsse auf den Weg ins Landesinnere, um Berichte über die vorhandenen Ressourcen abzugeben und die Aussichten auf Handel und/oder Kolonialisierung abzuschätzen.

OBEN Diese Holzschnittillustration eines Gedichts von Fujiwara Toshiyuki no Ason zeigt eine Dschunke nahe der Küste von Sumi. Katsushika Hokusai, um 1835.

MEERESANSICHTEN

Das koloniale Engagement großer Agrarkulturen war der Ausgangspunkt für eine neue Beziehung zum Meer. Bisher waren vor allem für christliche Landgesellschaften die Meere gefährlich chaotisch gewesen: „Der Kirchenvater Tertullian aus dem 3. Jahrhundert glaubte, Wasser übe eine starke Anziehung auf Dämonen und den Teufel aus [...] Das Meer galt als Beweis für das unfertige Wesen der Schöpfung, ein urtümliches Überbleibsel, das eine starke Abneigung hervorrief.“[16] Doch im Mittelalter änderte sich diese Einstellung. Am Ende des ersten Jahrtausends wuchsen die Populationen in Europa rasch, und trotz des Bevölkerungsrückgangs durch die Pest im 14. Jahrhundert schuf ihr fortgesetztes Wachstum einen noch größeren Anreiz zu expandieren. Die neue wissenschaftliche Denkweise, die so wichtig für die Betrachtung von Wasser als Substanz gewesen war, führte auch zu einem neuen Verständnis von Meeresströmungen,

Gezeiten und Winden. Neue Formen der Kartografie und innovative Navigationstechnologien ermöglichten Magellan 1519 die erste verzeichnete Weltumsegelung. Das Meer wurde sehr viel befahrbarer, stellte aber weiterhin einen gewissen Schutz gegen Invasionen dar. Wie Thomas Churchill zu Beginn seines Buches *Life of Lord Viscount Nelson* (1808) erklärte, bietet der Ozean „nicht nur die bequemste und praktischste Verbindung zwischen weit entfernten Teilen der Erde, sondern auch die einfachste Möglichkeit, einen Feind zu verdrießen, und gleichzeitig den sichersten Schutz".[17]

OBEN *Seeungeheuer,* Holzschnitt aus Olaus Magnus' *Historia de Gentibus Septentrionalibus* (1555)

Selbst mit robusteren Schiffen und den neuen Erkenntnissen über die Seefahrt war diese weiterhin mit Gefahren und Ungewissheit behaftet. Es musste Stürmen getrotzt werden und der hartnäckigen Furcht vor dem lauernden Bösen in den dunklen Tiefen des Ozeans. Seefahrer stellten sich Monster vor, die aus der Tiefe aufstiegen, um sie zu verschlingen; Berichte über Seereisen enthielten zahlreiche Sichtungen von Seeschlangen, und auch auf Seekarten tauchten diese Wesen regelmäßig auf.[18]

Viele dieser Themen waren 1798 noch immer aktuell, als Samuel Taylor Coleridge, inspiriert durch frühe Seefahrten, *The Rime of the Ancient Mariner* („Die Ballade vom alten Seemann") mit ihrer seltsamen Mischung aus uraltem Aberglauben, übernatürlichen Ereignissen und christlicher Erlösung veröffentlichte. Das Gedicht vermittelt den Schrecken der Windsbraut, „grausam und stark", und das Gefühl des Eingeschlossenseins, als „überall Eis" war. Es hebt auch den Kontrast zwischen dem urtümlichen Salzwasser und dem frischen Süßwasser hervor mit dem berühmten Vers, der so gut den schrecklichen Durst einfängt:

„Wasser, Wasser überall,
die Planken schrumpfen und stinken,
Wasser, Wasser überall,
und nirgends ein Tropfen zu trinken."

Die Qual des Durstes bringt auch die uralte Furcht vor der Auflösung alles Sterblichen im wilden Ozean an die Oberfläche und eine klassische Abscheu vor der Ungewissheit von „Kreaturen aus Schleim [...] aus dem schleimigen Meer".

Der nur 60 Jahre später veröffentlichte Klassiker *Moby-Dick; Oder: Der Wal* von Herman Melville liefert eine andere Sicht auf das Meer und seine Kreaturen. In den Tiefen lauern noch immer potenzielle Schrecken. Kapitän Ahab will sich an dem weißen Wal rächen, der sein Schiff zerstört und ihm ein Bein abgerissen hatte. Für ihn ist der Wal böse und heimtückisch, auch wenn ein Besat-

RECHTS William Strang, „And Now the Storm Blast Came", Illustration zu Samuel Taylor Coleridge: „The Rime of the Ancient Mariner", 1896

LINKS Walmaske der Kwakwaka'wakw, British Columbia, 19. Jahrhundert

zungsmitglied versucht, ihn zu überzeugen: „Moby-Dick sucht dich nicht! Nur du allein suchst ihn in deinem Wahnsinn!“[19] In diesem Sinn steht der Wal sowohl für die dunklen inneren Impulse des Unbewussten als auch für die externalisierten Schrecken der Tiefe. Doch zu einer Zeit, als Wal- und Fischfang zu bedeutenden Industriezweigen heranwuchsen, spiegelt der Roman auch wider, wie viel besser der Mensch nun die Meere beherrschen konnte.

Neu war der Walfang nicht: Schon in grauer Vorzeit waren Jagd- und Sammelgemeinschaften an den Küsten wie Ainu, Inuit, indigene Völker in Amerika und (im ersten Jahrtausend) Basken in kleinen Booten auf die Jagd nach Grindwalen, Belugas und Narwalen gegangen, die sie an die Küsten trieben oder mithilfe von Harpunen mit Schleppankern versahen, um sie müde zu machen. Uralte Felsbilder zeigen, wie noch größere Wale – Pottwale, Buckelwale und Pazifische Nordkaper – von Booten umzingelt werden. Auch in Maori-Traditionen nehmen Wale eine zentrale Stellung ein, wie in jüngster Zeit in der Geschichte *Whale Rider,* in der der Wal (eins der vielen wichtigen Unterwasserwesen der Maori-Kosmologie) als Schutzgeist des Stamms erscheint.[20] Doch obwohl vorindustrielle Gesellschaften erkannten, dass solche Wesen gefährlich waren, wurden sie wie die Regenbogenschlangen der Aborigines als überwiegend gütige Mächte gesehen, als Totemwesen, die in den bildenden und darstellenden Künsten gefeiert werden konnten.

OBEN *Zerstörung des Leviathan,*
Gustave Doré, 1865, Gravur

Während der Wert als Totem und der Nutzen als Wirtschaftsressource in kleinen Ökonomien kompatibel waren, führte die kommerzielle Wal- und Fischfangindustrie, die Wale nicht als gelegentliches Festmahl jagte, sondern als Materialquelle (für Fischbein und Öl), zu einer ganz anderen Beziehung zu wasserlebenden Arten. In Europa wurden gleichzeitig mit größeren Meeresexpeditionen im 16. Jahrhundert intensivere Formen des Walfangs entwickelt, und gegen den Widerstand der Inuit wurden in Labrador, Neufundland und Island baskische Walfangstationen eingerichtet. In den arktischen Fischgründen setzte sich der immer größere Wettbewerb im Wal- und Fischfang bis weit ins 17. Jahrhundert fort; zu diesem Zeitpunkt wurde die Walfangindustrie von britischen, niederländischen und (im Pazifik) japanischen Schiffen dominiert, die bis zum Ersten Weltkrieg in großem Maßstab weiterhin Wale fingen.

ZUSAMMENFLIESSENDE STRÖME

Der Walfang illustriert sowohl metaphorisch als auch buchstäblich, wie die größeren Gesellschaften im Zuge der Industrialisierung die Mächte des Meeres „eroberten". Die Stärke der Marine war im 16. und 17. Jahrhundert entscheidend, als die Nationen um die Vorherrschaft über Meeresrouten, Fischgründe und Zugang zur „Neuen Welt" kämpften. Karten dieser frühen Entdeckungsfahrten waren gut gehütete Geheimnisse, ebenso die Einzelheiten, die über Meeresströmungen, Küstenverläufe und die unterschiedlichen Ausprägungen von Meeren, Winden und Wetter auf der Welt in Erfahrung gebracht werden konnten. Ein solches Wissen verlieh Gesellschaften Macht und Wettbewerbsvorteile und machte aus den Tiefen und dem grenzenlosen Unbekannten erfassbare, kontrollierbare Meereslandschaften.

Zuströme aus expandierenden Gesellschaften brachten radikal andere Beziehungen zum Wasser auch in Kulturlandschaften, in denen kleinere Gesellschaften auf weniger intensive und kollaborativere Art mit ihrer materiellen Umgebung arbeiteten. In Afrika, Nord- und Südamerika, Australien, dem Pazifik und den kälteren nördlicheren Gebieten spürten Jagd- und Sammelgemeinschaften, Stämme von Vieh- und Rentierhirt:innen und Selbstversorger:innen den Einfluss maritimer Streifzüge, deren Zweck in Erkundung und Handel oder – wo es ein großes Gefälle in der Militärmacht gab – direkter Kolonialisierung bestand.

Wie bei früheren Invasionen in Europa brachte Letzteres neue Produktionstechnologien mit sich. Indigene Völker wurden, sofern man sie nicht einfach ausrottete, in Reservate gepfercht und von Missionaren zum Erlernen des Gartenbaus gezwungen oder mussten in Zwangsarbeit für Siedelnde das Land roden und Felder und Weiden anlegen. Als die kolonialen Siedlungen sich flussaufwärts ins Landesinnere ausbreiteten, waren die indigenen Gruppen, die sich lange Zeit in den üppigen Feuchtgebieten an den Flussmündungen konzentriert hatten, gezwungen, sich immer weiter in den Dschungel zurückzuziehen oder in raue, randständige Wüstengebiete, während die Küstensümpfe, die bisher vielfältige Ressourcen geliefert hatten, trockengelegt wurden, um neues Ackerland zu gewinnen.

So entstand durch Salzwasser auf jedem Kontinent ein deutlich stärker lenkender Umgang mit Süßwasser, in den die Wasserwelten der Menschen, die seit langer Zeit dort lebten, eingeordnet wurden. In gemäßigten Klimazonen entwickelte Bewässerungs- und Anbaumethoden wurden in trockene Gebiete wie Kalifornien und Australien exportiert. Und in jeder neuen kolonialen Umgebung waren die wichtigsten Ziele unweigerlich immer die Süßwasserseen und Flüsse, die Quellen von Wohlstand und Macht. Ihre Aneignung ermöglichte es den Kolonialregierungen, den indigenen Gruppen ihre Vorstellungen aufzuzwingen, die – willentlich oder nicht – damit zu Untertanen der Krone wurden.

Diese Unterordnung erforderte nicht nur die Übernahme neuer wirtschaftlicher Praktiken durch indigene Bevölkerung, sondern auch ihre „Erziehung“ zu einem neuen Verständnis und einer neuen Bewertung der Welt sowohl in religiöser als auch in weltlicher Hinsicht. In Missionen und Schulen im gesamten Kolonialreich wurden uralte Naturreligionen, die empfindsame Urlandschaften und polytheistische Vorstellungen von durch Geister bewohnten Bäumen und Flüssen wertschätzten, als primitiver Aberglaube abgetan, der durch patriarchale und monotheistische religiöse Überzeugungen und das aufkeimende wissenschaftliche Weltbild des globalen Norden ersetzt werden müsse. Und so unternahm der Glaube an die rechtmäßige „Vorherrschaft“ des Menschen – Vorstellungen von „Fortschritt“, Wachstum und Entwicklung sowie instrumentelle Werte, um die „Natur produktiv zu machen“ – die ersten Schritte in Richtung Globalisierung.

6 DIE MACHT DER WIRTSCHAFT

NATIONALE BESTREBUNGEN

Die Verschmelzung von Macht und die erforderlichen staatlichen Mechanismen für die Bildung von Nationalstaaten und Imperien waren eng mit der Entwicklung der Wasserwirtschaft verknüpft. Dafür gibt es zahlreiche Beispiele: In China war nach der dynastiebegründenden Wasserlenkung durch Yu den Großen die Ausdehnung des Reiches nur durch Bewässerungssysteme zur Intensivierung der Landwirtschaft und ein Kanalsystem möglich, über das Getreide in die Hauptstadt transportiert werden konnte.[1] Doch die imperiale Macht auf diese Weise aufrechtzuerhalten, bedeutete auch, zunehmend anspruchsvolle Infrastruktur instand zu halten.

Wie zuvor in Mesopotamien stellte man auch in China fest, dass solche Systeme enorm viel Arbeitskraft und Zeit erforderten. Kanäle stürzten ein und verschlammten, Land erodierte und versalzte. Vertriebskooperationen brachen unter dem Druck der Intensivierung und gesellschaftlicher Konflikte zusammen, und Wasserströme konnten die erhöhte Nachfrage nicht mehr bedienen. Auswirkungen auf Ökosysteme gefährdeten andere (oft ältere) Formen der Ressourcennutzung wie das Fischen, die Nutzung von Ressourcen in Feuchtgebieten oder das Sammeln von Meerestieren. Wo Bewässerungssysteme versagten, brach auch die politische Macht weg. In China gehörten „in der späten Kaiserzeit (um 1500) hydraulische Ausfälle mit anschließender Erneuerung der Kontrollsysteme, auf die wiederum hydraulische Ausfälle folgten, zu einem Kreislauf, der sich mit zunehmender Regelmäßigkeit wiederholte“.[2]

Woanders waren ähnliche Muster zu beobachten. Ahmed Kamal beschreibt, wie im Bengalen des 14. Jahrhunderts die mogulischen Sultanate auf Macht und Wohlstand basierten, die durch umfassende Bewässerungsprogramme erworben wurden. „Ibn Battūta reiste per Schiff von Sylhet nach Sonargaon und sah zu beiden Seiten des Flusses Obstgärten, wohlhabende Dörfer und Gärten, als führe er durch einen Markt.“[3] Die Sultanatssysteme waren sorgfältig organisiert: Abteilungen für öffentliche Anlagen verteilten Zuwendungen an örtliche Grundherren

OBEN Kanal in der Verbotenen Stadt, Beijing

(zamindars), die wiederum für die Instandhaltung der Kanäle und Ufer von der bäuerlichen Bevölkerung Steuern erheben durften. Dieses relativ stabile System geriet jedoch während der afghanischen Kriege von 1794 ins Wanken und bröckelte weiter unter britischer Herrschaft, die sich hauptsächlich auf das Eintreiben der Einkünfte konzentrierte, ohne in Instandhaltung zu investieren oder die lokalen gesellschaftlichen und ökologischen Gegebenheiten zu berücksichtigen.

Dennoch war die Entwicklung hydraulischer Technologien weiterhin von zentraler Bedeutung für die Schaffung zentralisierter Regierungen, die in vielen Teilen der Welt Nationalstaaten gründeten und die Gewichtung von kulturellen und religiösen Zugehörigkeiten hin zu neuen Formen nationaler Identität verschoben. Ihre hegemonialen Expansionen in kolonisierte Gebiete brachte eine neue Dimension in ihren Umgang mit Wasser. Sie gingen dazu über, in Form der in den Kolonien erzeugten Güter immer mehr Wasser aus anderen Teilen der Welt zu importieren. Damit begründeten sie ein bedenkliches Muster der Externalisierung sozialer und ökologischer Produktionskosten, das dafür sorgte, dass mächtige Nationen – auf Kosten der weniger mächtigen – den Mangel kompensieren konnten, der durch ein im Inneren nicht nachhaltiges Wachstum entstand.

OBEN Robert Hyde Colebrooke, *Benares: View of the City from the Water,* um 1792, Feder in Schwarz, grau laviert und aquarelliert

INNERSTÄDTISCHE STRÖME

Die wachsende Bevölkerungsdichte, die ab dem Mittelalter koloniale Aneignungen vorantrieb, sorgte auch für eine rasche Ausdehnung der Städte. Wie es schon im frühen Griechenland und Rom in geringerem Umfang der Fall gewesen war, brachte die Zusammenballung von Menschen und aufstrebenden Industriezweigen in Städten zwei große Probleme mit sich: die Versorgung mit ausreichend (und halbwegs trinkbarem) Frischwasser und die Ableitung des häuslichen und industriellen Abwassers. Beide Herausforderungen sollten sich radikal auf die Beziehung der Menschen zum Wasser und zueinander auswirken.

Bis zu dieser Zeit hatten die meisten Menschen Wasser für ihre Haushalte aus Dorfbrunnen geschöpft, die auch als wichtige Brennpunkte für Treffen und sozialen Austausch fungierten. Kleine Wasserversorgungssysteme erforderten recht anspruchslose Technologien: Kanäle, Wasserrohre aus ausgehöhlten Baumstämmen oder Blei, Wasserräder und einfache Pumpmechanismen. Bei relativ kleinen Anhäufungen von Menschen und Heimindustrien war das Einleiten von Abwässern und anderen Abfallstoffen in nahe Wasserläufe wenn auch nicht ideal, so doch maßvoll genug, dass die lokalen Ökosysteme die Schmutzstoffe ohne große Schwierigkeiten absorbieren konnten. Doch die Ausweitung von Städten in ganz Europa brachte ein ganz anderes Ausmaß von Problemen für die Gesundheit von Menschen und Umwelt mit sich.

Städte entstanden notwendigerweise immer da, wo es gute Wasserquellen gab. Die Römer hatten beispielsweise den Ort für Londonium ursprünglich deshalb ausgewählt, weil es dort zwei Themse-Zuflüsse gab, den River Fleet und den Walbrook, ebenso Terrassen aus Wasser führendem Kies und eine Reihe natürlicher Quellen. Doch im 13. Jahrhundert verdoppelte sich Londons Bevöl-

RECHTS
Dorfpumpe in Stalbridge (Dorset)

kerung, genau wie die anderer europäischer Städte, und überschritt wahrscheinlich die 50 000. „Das Problem war nicht der Wassermangel, sondern die Erzeugung städtischer Abfälle.“[4]

In die offenen Abflussrinnen (Gossen) wurden nicht nur der Inhalt von Nachttöpfen, Müll und Asche gekippt, sondern auch der Dung der Nutztiere. Einen Teil der festen Abfälle aus Mietshäusern entsorgte man in Gruben, doch da diese bis in die Wasser führenden Kiesschichten reichten, sickerten die flüssigen Anteile trotzdem in die Wasserläufe und „verpesteten den Fluss mit Unrat und Mist“.[5] Privathaushalte hatten mit Steinen ausgekleidete Toilettengruben, aber da es teuer war, sie leeren zu lassen, quollen sie oft über. Wer am Fluss wohnte, baute Toiletten, die sich direkt in ihn entleeren ließen. Ebenso liefen neue und besonders giftige Industrieabwässer direkt in die Flüsse, etwa die Abwässer der Gerbereien (die Leder mit Tierkot gerbten) und Schlachtereien (die ein blutiges Allerlei im Fluss entsorgten). In der Folge wurde das „Trink“wasser in der Stadt so widerwärtig, dass die Menschen stattdessen lieber gebrautes Bier oder Wein tranken.

Ebenso, wie mit dem Aufkommen der Landwirtschaft die Feuchtgebiete abgewertet und immer mehr als faulige, ungesunde Orte wahrgenommen wurden, weckte die zweifelhafte Wasserversorgung mittelalterlicher Städte Ängste um ihre Gefahr für die Gesundheit, da man in ihnen die Quelle giftiger Luft oder „Miasmen“ sah, die der damaligen Überzeugung nach Krankheiten verursachten. 1280 beschwerte sich eine Gruppe Karmeliter in London beim König, dass „faulige Ausdünstungen“ an der Mündung des River Fleet mehreren Ordensbrüdern den Tod gebracht hätten.[6] Doch trotz der Verabschiedung zahlreicher Gesetze und zunehmend drakonischer Maßnahmen zur Verhinderung von unerlaubtem Abladen von Müll und Umweltverschmutzung schwärte London. Bald war es notwendig, Wasser aus weiter draußen gelegenen Brunnen zu pumpen, und nach dem Bau des königlichen Trinkwasserkanals, des Great Conduit, im 13. Jahrhundert wurden mehrere neue Kanäle gebaut, um Wasser von weit her in die Stadt zu bringen.[7]

Die Verschmutzung städtischer Wasserläufe ließ Vorstellungen über „schlechtes“, lebensbedrohliches Wasser wieder aufleben. Erneut musste die niedere, außer Kontrolle geratene Natur durch die Auferlegung menschlicher Handelsmacht zu gutem Verhalten diszipliniert werden, in diesem Fall durch neue Arten der Wasseraufbereitung und ausgeklügeltere Formen der Beförderung. Wie die Kanalisierung von Bewässerungsvorräten zementierten diese Technologien weiter die Vorstellung von Wasser als einem Produkt der Kultur statt der Natur.

Die Betrachtung von Wasser als etwas, das „denaturalisiert" und durch menschliche Aktionen reproduziert werden musste, veränderte auch, wie über Besitz gedacht wurde. Der Bau von Bewässerungsinfrastrukturen hatte die Vorstellung etabliert, dass Wasser Eigentum von regionalen oder imperialen Machthabern sein konnte. Auf ähnliche Weise erforderte auch die Entwicklung der städtischen Wasserversorgung große Investitionen an Arbeitskraft, Technologie und Fachkenntnis.

Wie die Römer es an ihren Aquädukten erfahren hatten und die frühen Gesellschaften mit hydraulischer Technologie an ihren Kanälen, bedurften auch städtische Wassersysteme komplexer Kontrollmechanismen, die definierten, wer welche Versorgungsquellen besaß, wer wann Zugang haben durfte und wer für die Wasserlieferung zahlte oder bezahlt wurde. In London gab es wie in anderen Städten auch viele Diskussionen darüber, wer für die Wasserversorgung und die Instandhaltung der Infrastruktur zuständig war; um die Aufgaben und Verantwortlichkeiten gab es ein stetiges Tauziehen zwischen städtischen Behörden, Philantropinnen und privaten Investoren.

JNTEN Alter Fleischerladen in
Cloth Fair, West Smithfield, London.
Radierung, 1790–1820

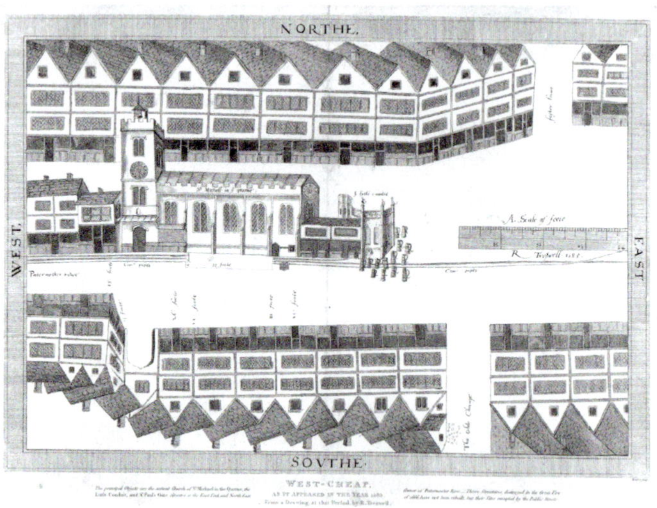

LINKS Der Great Conduit und alte Gebäude in West Cheap (Cheapside), London, gezeichnet von Ralph Treswell 1585, hier in einer Ausgabe aus dem 19. Jahrhundert

Zuvor hatte vor allem die Kirche diejenigen, die in der Nähe ihrer wohlhabenden und mächtigen Abteien lebten, mit Wasser versorgt. Das hatte eine wichtige Verbindung zwischen der Versorgung mit Wasser und Vorstellungen über moralische Führung geschaffen. Was konnte schließlich moralisch verbindlicher sein als die Verteilung der Materie des Lebens, der Substanz des Geistes, des symbolischen Mittels der Reinigung von allen Sünden? Was könnte besser moralische Verderbtheit zeigen – und strafende Krankheiten mehr verdient haben – als das Suhlen in der chaotischen Natur, repräsentiert durch unzureichende sanitäre Anlagen? Im Wettstreit um die Eigentümerschaft und Kontrolle der städtischen Wasserversorgung ging es daher nicht nur um politische Macht und wirtschaftlichen Profit, sondern auch um moralische Führung und ein fortgesetztes Ringen um die Vorherrschaft zwischen Kirche und Staat.

Auch die sich verschärfende soziale Spaltung fand ihren Ausdruck im Zugang zum Wasser in der Stadt. Die Häuser der Reichen waren direkt an die städtischen Rohrleitungen angeschlossen. Dann gab es Menschen, die zwar nicht reich waren, es sich aber leisten konnten, Wasserträger zu bezahlen. Die Armen – zu denen die meisten Menschen in London gehörten – schleppten ihr Wasser selbst von Brunnen und Wasserstellen nach Hause und hatten wenig Einfluss auf seine Bereitstellung, sofern sie sich nicht auf „Wasserdiebstahl" verlegten und heimlich Wasser aus den neuen Versorgungsleitungen zapften.

GEZÄHMTE FLÜSSE

Die Kontrolle über den Wasserstrom war nicht nur innerhalb von Städten lebenswichtig, sondern auch, um Wasserverbindungen zwischen städtischen und ländlichen Gebieten sicherzustellen. In Europa waren die erstmals unter römischer Herrschaft eingeführten Kanäle vor dem Industriezeitalter recht beschränkte, von Hand (in diesem Fall in Zwangsarbeit) gegrabene Rinnen, die zum Zweck der örtlichen Bewässerung von Quellen und Flüssen abzweigten oder angelegt wurden, um Feuchtgebiete trockenzulegen und Ackerland zu erweitern.

Selbst mit der Entwicklung umfassenderer Bewässerungspläne lag der Schwerpunkt zunächst vor allem auf der Bewässerung naher Felder für den Ackerbau oder um Wässerwiesen anzulegen (was die Graswuchsperiode verlängerte und für üppige Weiden sorgte).[8] Der Bau großer Kirchen, Klöster und Burgen im Mittelalter und der frühen Neuzeit hatte zusammen mit dem Bedarf an Transportwegen für Steine und Bauholz zur Kanalisation einiger Flüsse geführt, aber diese nun befahrbaren Wasserstraßen blieben über mehrere Jahrhunderte die einzige Alternative zu Packpferden und Ochsen.

Mit der Industrialisierung jedoch bestand das Ziel nicht mehr nur darin, örtliche Wasserläufe durch Bewässerungskapillaren zu erweitern oder kurze Fluss-

JNTEN Fountains Abbey, North Yorkshire

OBEN Peter Perez Burdett nach Jean-Jaques Rousseau, *View of the Barton aquaeduct of the Bridgewater canal,* um 1772–1773

abschnitte zu begradigen, sondern große Wasserarterien zu schaffen, die den Transport beträchtlicher Mengen von Gütern durch das ganze Land ermöglichten. Der erste große Kanal, den der Duke of Bridgewater 1761 ausheben ließ, um Kohle aus seinen Bergwerken nach Manchester zu bringen, gilt als Treiber der industriellen Revolution. Zwischen den 1770er- und 1830er-Jahren folgte darauf ein „goldenes Zeitalter" der Kanäle, in dem Güter und Menschen immer müheloser durch das Land bewegt wurden.

„Einige Wasserprojekte stellen wahrhaft drastische geschichtliche Veränderungen dar, etwa der Hoover Dam in den USA, der Assuan-Staudamm in Ägypten und dem Sudan, der Bridgewater-Kanal in England oder der Kaiserkanal in China. Ihr Bau veränderte den Lauf der Entwicklung vor Ort und darüber hinaus."[9]

Ausschlaggebend war, dass das „goldene Zeitalter" der Kanäle in Europa mit raschen Fortschritten in der Entwicklung der Dampfmaschinen zusammenfiel. Auf die gleiche Art, wie die Fluidität des Wassers Bewässerungskanäle und den Transport von Menschen und Gütern ermöglicht hatte, wie seine fließende Energie Wasserräder und Mühlen betrieben hatte, kamen auch hier wieder die besonderen Eigenschaften des Wassers ins Spiel, als seine Fähigkeit, sich in Dampf zu verwandeln, für den Druck sorgte, mit dem die Dampfmaschinen angetrieben wurden.

Das unterstreicht noch einmal, wie die Eigenschaften von Wasser in jeder Phase in die menschliche Beschäftigung mit ihm verwoben sind und die Aktivitäten der Gesellschaften sowohl beschränken als auch ermöglichen. In seinem Buch über „die Erneuerung des Columbia River“ stellt Richard White den Fluss daher als „organische Maschine“ dar: ein Energiesystem, das zwar von Menschen verändert wurde, jedoch seine ganz eigenen, „ungemachten“ Eigenschaften behält und seine eigene Arbeit verrichtet, die sich mit der der Menschen verknüpft. White formuliert es so:

> „Die Welt ist in Bewegung. Tektonische Platten treiben über einen rotierenden Planeten. Berge schieben sich nach oben und erodieren in die Meere. Gletscher rücken vor und ziehen sich zurück. Alle Landschaftsmerkmale bewegen sich, aber nur wenige so offensichtlich wie Flüsse. Alle unsere Flussmetaphern sind Metaphern für Bewegung: Sie strömen, schlängeln sich und fließen [...] Flüsse arbeiten, so wie wir. Sie absorbieren Energie und geben sie ab; sie ordnen die Welt neu.“[10]

Keine der vielfältigen kulturellen Lebensweisen, die durch Bewässerung oder den Wassertransport ermöglicht wurden, gäbe es ohne die besonderen physikalischen Eigenschaften des Wassers, und das gilt auch für den Dampf, der die industrielle Entwicklung antrieb. Gleichzeitig verschob der Dampf aber auch das Gleichgewicht in der Beziehung und befreite die Gesellschaften von einigen der physikalischen Einschränkungen des Wassers. Dampfschiffe konnten gegen den Strom fahren, und für die Menschen im Amerika des 19. Jahrhunderts waren „Maschinen sowohl das Mittel als auch das Symbol ihrer Eroberung der Natur“ und spielten eine zentrale Rolle in einem epischen Ringen um den „Fortschritt“.[11]

Mit dem Übergang von Wasser und Pferdestärken zum Dampf nahm die Bedeutung des für kurze Zeit lebenswichtigen Kanalsystems ab. Es wurde rasch durch neu entstehende Eisenbahnstrecken abgelöst, die schneller gebaut und leichter instand gehalten werden konnten als Kanäle und zudem flexibler waren als diese. Dampfschiffe ließen Entfernungen noch weiter zusammenschrumpfen, und der schnellere, kraftvolle Transport über die Meere wurde durch den Bau des Suezkanals 1869 noch beschleunigt. Der internationale Handel und Austausch erreichte ein ganz neues Niveau.

Im Grunde machten all die durch Wasser möglichen Entwicklungen die Welt selbst fluider, indem sie die rasche Bewegung von Gütern und Menschen zwischen und auf Kontinenten gestatteten. Zuvor in sich geschlossene kulturelle Kontexte, auch wenn sie durch koloniale Einmischung oft radikal verändert worden waren, wurden durchlässiger, offener für den Austausch von Menschen, materieller Kultur und Ideen. Wenigstens für wohlhabende Eliten war es nun möglich, kosmopolitisch in verschiedene kulturelle Milieus einzutauchen und umfassendere, kulturübergreifende Konversationen zu führen.

DIE HERSTELLUNG VON H_2O

Bei einer der wichtigsten globalen Diskussionen ging es um die Wissenschaft. Gelehrte hatten bereits seit vielen Jahrhunderten Ideen ausgetauscht, doch die radikal beschleunigten Bewegungen und Kommunikationswege rund um die Welt erzeugten einen proportional größeren und kohärenteren Informationsfluss. Die Samen der wissenschaftlichen Analyse der Elemente, die im alten Griechenland gepflanzt wurden, trugen im 18. Jahrhundert endlich Früchte. Im Laufe des folgenden Jahrhunderts führte dies zu einer Betrachtungsweise materieller Dinge, die zusammen mit einer viel größeren technischen Fähigkeit, die Welt zu „bauen", eine Beziehung zu Wasser und Umwelt hervorbrachte, die vom Wesen her leitend war. Vorstellungen spiritueller Immanenz oder von Kräften, die alle Dinge durchdringen und animieren, die durch Myriaden von Veränderungen in den Religionsformen erhalten geblieben waren, wurden endgültig daraus entfernt, was Gott ungegenständlich machte. Ivan Illich beschreibt die wissenschaftliche Sicht auf die Ökologie als den „Tod der Natur":

> „Mit der wissenschaftlichen Revolution [...] beherrschte ein mechanistisches Modell das Denken. Als Objekt des menschlichen Willens wurde die Natur zum toten Material. Dieser Tod der Natur, so möchte ich behaupten, war die weitreichendste Auswirkung der radikalen Veränderung in der Sicht des Menschen auf das Universum."[12]

Einer solchen technisch-leitenden Sicht auf die Welt wohnte eine beachtliche Überheblichkeit bezüglich der menschlichen Fähigkeiten inne, Ereignisse zu

OBEN Eröffnung des Suezkanals, 1869

lenken. Damit beförderte sie die Vorstellung, dass alles nach menschlichem Verlangen dekonstruiert und neu geschaffen werden könne: Wasserläufe, Landschaften, Höfe und Städte, aber auch Menschen, Tiere und Pflanzen. Auch wenn viele religiöse Überzeugungen dem wissenschaftlichen Materialismus widerstanden und ihre Bilder von Wasser und spirituellen Wesen verteidigten, wurden solche Vorstellungen zunehmend an den Rand gedrückt. Bald beherrschte die Wissenschaft den öffentlichen Diskurs, und bis zum späten 19. Jahrhundert war das Wasser in Europa durch und durch domestiziert worden, intellektuell wie physikalisch. In London brachten nach einem kräftigen Anschub durch den „Großen Gestank", der 1858 die Luft verpestete, Fortschritte im Wasserbau zusammen mit viktorianischer Philanthropie und Investitionen eine Blütezeit neuer Wasserinfrastrukturen, die allseits den Triumph des menschlichen Handelns verkündeten.

Es wurden ansehnliche Wasserspeicher gebaut und dazu herrlich dekorierte Pumpstationen, die sowohl die Macht als auch den Status zelebrierten, die in der Wasserversorgung lagen. Druckvolle Hauptwasserleitungen, filigrane Rohre bis in die Wohnhäuser und gewaltige Katakomben mit ziegelverkleideten Abwasserkanälen lösten schließlich die hartnäckigen Probleme der städtischen Wasserversorgung und Abwasserbeseitigung. Nun konnten alle Menschen in der Stadt den Luxus von Wasser genießen, das durch Rohre direkt bis ins eigene Zuhause kam und mit dem Aufdrehen des Wasserhahns jederzeit zur Verfü-

LINKKS „Vater Themse stellt der schönen Stadt London seine Kinder vor“, Cartoon aus dem *Punch,* 3. Juli 1858

gung stand. Und in dem Bewusstsein für die Wissenschaft und Technologie, die diesen Privilegien zugrunde lagen, konnten alle in diesem Strom das Produkt menschlichen Handelns erkennen.

DER FEINE UNTERSCHIED

Der kosmopolitischere gesellschaftliche Kosmos in den Städten war ein ganz anderer als in den althergebrachten Dorfgemeinschaften, die durch Blut, Ort und Geschichte miteinander verbunden waren. In einem mobilen, urbanen Leben waren die Menschen weniger in der Lage, zusammen mit anderen Konzepte von gemeinsamen Orten und Substanzen aufzubauen. Umgeben von Tausenden Fremden, wurden ihnen die grenzüberschreitenden Körpergerüche und Substanzen umso bewusster. Angst vor der potenziellen Verschmutzung und Invasion des Ichs – immer ein sehr mächtiger psychologischer Faktor – stieg an die Oberfläche, und es entstand ein individuellerer Begriff des Menschen, der abgeschottet und verteidigt werden musste. Es wurde immer wichtiger, „Distinktion“ zu erlangen, sich also durch die persönliche Hygiene von der Masse abzuheben.[13]

Neue wissenschaftliche Erkenntnisse über Keime und die Übertragung von Krankheiten durch verschmutztes Wasser verstärkten diese Sorgen noch und förderten ein Bekenntnis zur „Hygiene“ und zum Reinigen der eigenen Person und des Zuhauses. Angemessene sanitäre Einrichtungen für alle wurden zum Symbol der „Zivilisation“, und damit war ein verlässlicher Wasserstrom im häuslichen Bereich notwendig, um die individuelle und familiäre Integrität zu erhalten: eine Verteidigung gegen invasive Formen der Andersartigkeit. Jean-Pierre Goubert merkt an: „Als Königin Victoria 1837 den Thron bestieg, gab es im gesamten Buckingham Palace nicht ein einziges Badezimmer.“[14] Doch schon 1882 konnte Eardley Bailey Denton erklären:

> „Es ist heute allgemein anerkannt, dass eine Behausung ohne ein Badezimmer nicht als vollständig betrachtet werden kann, und dass seine Einrichtung nicht den prächtigen Villen der Reichen vorbehalten sein sollte, sondern dass allen Klassen unserer Bevölkerung [...] die Annehmlichkeit, Sauberkeit und Heilsamkeit zugute kommen soll, die sowohl heiße als auch kalte Bäder bereiten.“[15]

Wie hier jedoch anklingt, bestand noch immer eine starke Verbindung zwischen Wasser und Status. Luxuriöse Badezimmer und Waschgelegenheiten zu besitzen, sie häufiger zu nutzen und vor allem mehr Wasser zu verbrauchen, erreichte unmittelbare Relevanz als Inbegriff von Wohlstand und sozialem Erfolg.

Das Waschen nahm insgesamt an Bedeutung zu, insbesondere aber für die Frauen. In den Bildern nackter badender Frauen, ein sehr beliebtes Motiv in der Malerei jener Zeit, verschmolzen weiterhin Frauen mit der subversiven „irrationalen“ Natur, aber im späten 19. Jahrhundert entstand ein neues „hygienisches“ Frauenbild: ein Ideal, in dem sowohl Wasser als auch Fleisch zuverlässig und vertraut domestiziert waren.[16] Diese Idealisierung half, die Angst auslösende Realität der öffentlichen Versorgung mit einer chemisch verunreinigten Substanz zu verdecken, die zusätzlich durch den Kontakt mit – und möglicherweise enthaltene Spuren – der Substanz anderer gefährdet ist:

> „Das Ineinandergreifen des städtischen Wassers und der Nackten ist ein Strang eines Tabugeflechts, das den Symbolismus des öffentlichen Wassers vor der Analyse schützen soll [...] Wir zögern, die natürliche Schönheit des Wassers selbst infrage zu stellen, weil wir wissen, aber es doch nicht ertragen anzuerkennen, dass dieses ‚Zeug‘ aus recycelten Toilettenspülungen besteht.“[17]

LINKS Mary Cassatt, Woman Bathing, 1890–91.

HEILENDES WASSER

Aufstrebende Konzepte von Hygiene, körperlicher Unversehrtheit und kultureller Kontrolle über die innere und äußere Natur hatten einen großen Einfluss auf die Vorstellungen von Gesundheit und Wasser. Gesundheitskonzepte – in einer Vielzahl kultureller Formen – sind darauf angewiesen, dass physiologische, emotionale und mentale Prozesse geordnet ablaufen, das richtige Gleichgewicht einhalten und nicht durch materielle, intellektuelle oder moralische Verschmutzung gestört werden.

Durch eine wissenschaftlichere Brille betrachtet, wurden diese Sichtweisen, genau wie die auf externe Ökosysteme, in ihrer Form mechanistischer und beschrieben den Körper in Begriffen aus Ingenieurswesen und Chemie als eine Gesamtheit von Strukturen, Materialien und Prozessen, die durch den Strom von Wasser und Nährstoffen durch eine Reihe von Pumpen, Ventilen und Rohren ermöglicht werden. In dieser materialistischen Vision von Ordnung konnte innere Gesundheit durch die Aufnahme der „richtigen Substanz" erlangt werden, was zu einem deutlich größeren Interesse an der „Reinheit" und gesundheitsfördernden Zusammensetzung von Nahrung und Wasser führte.

Im Ergebnis wurden die heiligen Brunnen und sprudelnden Quellen, die über mehrere gesellschaftliche und religiöse Übergänge hinweg die moralische und die körperliche Gesundheit über die „spirituelle" Potenz von Wasser gefördert hatten, zu „Heilbädern", in denen der Mineralien- und Chemikaliengehalt des Wassers als vorwiegende gesundheitsfördernde Zutaten galten. Den Trinkenden wurden präzise Informationen zu den verschiedenen Mineralien im Wasser gegeben und wie diese ihre Gesundheit verbessern würden.

Die gesellschaftliche „Distinktion" wurde demnach durch den Zugang zu Wasser erlangt, das zusätzlich mit gesundheitsfördernden Substanzen aufgeladen war, und im Europa des 18. und 19. Jahrhunderts entwickelten die oberen Klassen eine beachtliche Begeisterung für Trinkkuren. Heilbäder in bezaubernden Gärten mit Springbrunnen und Musik wurden zu zentralen gesellschaftlichen Versammlungsorten, indem sie sowohl mineralreiches Trinkwasser als auch heilende Bäder anboten. Nach dem Vorbild der Begeisterung für solche Praktiken im alten Griechenland und Rom[18] schossen Badegesellschaften wie Pilze aus dem Boden und hielten „Badekongresse" ab. Als Weltreisende

LINKS Heilwasser in Karlovy Vary (Karlsbad), Tschechische Republik

Geschichten über uralte Traditionen der indigenen Völker in Amerika und Skandinavien mitbrachten, erlangte neben anderen „Wasserkuren" auch die Sauna große Beliebtheit.

Eine ähnliche Aufregung entstand um die Reinigung mit Salzen. Historisch hatten die „immerwährenden" Eigenschaften des Salzes ihm in verschiedenen kulturellen Kontexten sowohl religiöse als auch medizinische Bedeutung verliehen.[19] Im griechischen und arabischen Kulturkreis wurde es zur Begrüßung von Gästen eingesetzt; in Rom zur Bekräftigung von Freundschaft und zur Erlangung von Weisheit; die Wikinger balsamierten damit ihre Anführer ein, die im Kampf gestorben waren; und im frühen Christentum verwendete man Salz zum Reinigen und Nähren, um „den Teufel fernzuhalten" und Hexerei abzuwehren. Die lange Geschichte des Salzes als positive Substanz lieferte einen nützlichen Hintergrund für neue „wissenschaftliche" Vorstellungen von Gesundheit und der Wirksamkeit mineralischer Spülungen, um den Körper von den „falschen Stoffen" zu befreien. Bittersalze erlangten nach ihrer wissenschaftlichen Untersuchung durch Torbern Olof Bergman in Uppsala weithin Beliebtheit wegen ihrer abführenden (um nicht zu sagen durchschlagenden) Wirkung. Salzwasser wurde im 19. Jahrhundert zur Bekämpfung der Cholera eingesetzt, und daraus entstanden neue Vorstellungen über die Vorteile des Badens in Salzwasser. Es wurden zahlreiche „Kurorte“ am Meer eröffnet, wo auch Frauen in schicklichen „Badekarren“ gesittet im Meer baden konnten. Wie die mineralischen Heilbäder ermöglichten solche Kurorte neue Formen gesellschaftlicher Vermischung über das Wasser.

Sich um Wasser zu versammeln oder gemeinsam darin zu baden, wurde so zu einer wichtigen neuen Möglichkeit, Verbindungen zu anderen Menschen aufzunehmen, wodurch Wasserorte eine neue Bedeutung als Stätten der Freizeit und Entspannung bekamen.[20] Auch Flüsse standen in Europa nun im Mittelpunkt neuer Freizeitaktivitäten, was die zuvor ambivalente Beziehung zu ihnen rehabilitierte.

> „In der frühen Neuzeit galten Flüsse als gefährlich [...] Kinder wurden ermahnt, sich von Flüssen und ihren tückischen Strömungen fernzuhalten [...] Bestattungsaufzeichnungen aus dem 16. Jahrhundert belegen, dass bis zu 53 Prozent aller Unfalltode durch Ertrinken verursacht wurden.“[21]

Vor ihrer Zähmung durch die Ingenieurskunst hatten Flüsse als unkontrollierte fluide Orte ohne gesellschaftliche Kontrolle gegolten. Im Englischen war *water language* („Wassersprache“) eine Umschreibung für das Fluchen, ähnlich der „Gossensprache“. Doch Flüsse rückten (vielleicht gerade deswegen) schon früh in den Mittelpunkt der „Freizeitaktivitäten“, als im 14. Jahrhundert das Konzept der freien Zeit aufkam. 1496 wurde ein Buch namens *Treatyse of Fysshynge Wyth an Angle* („Abhandlung über das Fischen mit einer Angelrute“) veröffentlicht, angeblich verfasst von Dame Juliana Berners. Und Izaak Waltons *Compleat Angler* („Der vollkommene Angler“) von 1653 gilt gar als eins der wichtigsten englischen Bücher aller Zeiten – nur die Bibel und das anglikanische Gebetbuch wurden häufiger nachgedruckt.

Mit der Erschließung von Uferbereichen wurde das Baden im Fluss ungefährlicher und beliebter, und es entstanden neue Vorstellungen über Gesundheit, den Körper und Erholung. Schwimmen galt nun als gesundheitsfördernd, ganz im Wortsinne der „Ent-spannung“ und Erneuerung des Ichs.[22] Das schloss sich nahtlos an Vorstellungen über den Körper an und wie man auch ihn durch Gesundheit und Freizeit erhalten könne. Laut *The Compleat Swimmer* („Der vollkommene Schwimmer“, 1658) ließen sich also sowohl die Natur des Körpers als auch der Körper der Natur gezielt kontrollieren, und Wasser wurde zum Teil einer menschengemachten Sicht auf den Körper, das Ich und umfassendere materielle Systeme.

7 WASSERBAU FÜR UTOPIA

UNTER DEM SPRINGBRUNNEN

Wasser war immer ein Objekt der Kontemplation und emotionalen Auseinandersetzung, und jede Entwicklung in der Wassertechnologie brachte künstlerische Ausdrucksformen mit sich, die die ästhetischen Eigenschaften des Wassers besangen. Gemeißelte Steinbecken zum Sammeln von Wasser gab es schon im alten Sumer um 2000 v. Chr.; die ersten Aquädukte führten in verzierte Springbrunnen, und 600 v. Chr. stand im Zentrum von Athen ein Springbrunnen, der Enneakrounos, der die Menschen über neun Ausgüsse mit Trinkwasser versorgte.

Unsere Bezeichnung „Fontäne“ für einen Springbrunnen mit starkem Wasserstrahl verdanken wir jedoch dem lateinischen Begriff *fons/fontis* (Quelle), der in der Theologie auch heute noch im Bild von Gott als *Fons vitae,* der Quelle des Lebens, fortbesteht. Im alten Rom speisten Aquädukte zur Zeit des Sextus Julius Frontinus 39 monumentale Springbrunnen und fast 600 öffentliche Wasserbecken, und es gab unzählige private Springbrunnen in den Gärten wohlhabender römischer Familien und des kaiserlichen Haushalts. Während in griechischen Springbrunnen das Wasser oft aus Tiermäulern sprudelte, bevorzugte man in Rom menschliche Figuren, die die wertvolle Substanz ausgossen – ein Hinweis darauf, wie viel positiver man in Rom über die Kontrolle des Menschen über das Wasser dachte.

Im Mittelalter und der frühen Neuzeit waren Springbrunnen eng mit Vorstellungen vom Paradies verknüpft. Dieser Begriff leitet sich übrigens vom persischen *pairi-daeza* für „umschlossener Raum“ ab, was sich auf die islamischen ummauerten Gärten des 7. Jahrhunderts bezog. In ihnen flossen die vier Flüsse des Paradieses (dargestellt durch vier Wasserkanäle) aus einem Springbrunnen in der Mitte, der für die Quelle Salsabil stand, im Koran die Quelle allen Wassers.[1]

Damals wurde es auch üblich, Springbrunnen neben Moscheen zu bauen, damit die Gläubigen sich durch rituelle Waschungen reinigen konnten, bevor sie das Gotteshaus betraten. Das ausgedehnte Osmanische Reich verbreitete diese Praxis noch weiter, und der Brunnen am Tempelberg in Jerusalem wurde wäh-

RECHTS Dieses Mosaikfeld an einem römischen Springbrunnen aus dem 3. Jahrhundert zeigt den Meeresgott Oceanus, aus dessen Mund Wasser strömt.

rend der Regierungszeit von Süleyman I. errichtet. Die Gestaltung islamischer Gärten übte einen starken Einfluss auch in anderen Ländern aus; sie ist in den Gärten des Mogulreiches in Indien zu erkennen und klingt in den Shalimar-Gärten in Lahore an, die der Mogulherrscher Shah Jahan im 17. Jahrhundert anlegen ließ.

Ein Beweis für den Ideenfluss zwischen den aufkeimenden monotheistischen Religionen ist die Tatsache, dass sich ähnliche Wasserbilder auch in den Beschreibungen des Gartens Eden finden. Illuminierte Manuskripte wie *Les Très Riches Heures du Duc de Berry* (1411–16) enthalten Abbildungen eleganter gotischer Springbrunnen in himmlischen Gärten. In den Kreuzgängen der großen christlichen Abteien, die diese Zufluchtsorte darstellen sollten, gab es häufig einen zentralen Springbrunnen, der mit allegorischen Geschichten zum Lob der Heiligen und Propheten verziert war. Wie die früheren islamischen Brunnen wurden auch sie für rituelle Waschungen verwendet, um den Körper vor dem Gebet zu reinigen.

Die irdischeren generativen Kräfte von Wasser wurden in mittelalterlichen *jardins d'amour* (Minnegärten) zelebriert, die einen geschlossenen Raum für romantische Begegnungen schufen. Solche Gärten strotzten vor munteren ejakulatorischen Bächen, wie im mittelalterlichen *Roman de la Rose* (1470) beschrieben wird, dessen Illustrationen einen Springbrunnen zeigen und einen Bach, der von der Mitte des Gartens nach außen fließt.

Ob aufgeladen mit imperialen, religiösen oder weltlichen Bedeutungen, Springbrunnen waren ein beständiges Sinnbild für Wasser als Stoff des Lebens, der Gesundheit und des Wohlstands und als Quelle der Macht. Wer Wasser kontrollierte und damit „lieferte", sah seine Macht darin gespiegelt: Wie die anderen barocken Springbrunnen, die man errichtete, als Roms Aquädukte im 18. Jahrhundert instand gesetzt wurden, versorgte der Trevibrunnen die Bevöl-

UNTEN Leonardo Dati, *Der Brunnen des Lebens,* Miniatur aus *De Sphaera,* um 1450–1465

RECHTS Briefmarke mit den Shalimar-Gärten, Pakistan

kerung mit sauberen Wasser dank der Gnade Seiner Heiligkeit, des Papstes. Inzwischen hatten ausgeklügeltere Mechaniken sehr raffinierte Springbrunnen möglich gemacht. Herrscher, die ihre unübertreffliche Macht zeigen wollten, stellten sie stolz in energiegeladen sprudelnden Kunstwerken zur Schau. So sollten etwa die Springbrunnen von Ludwig XIV. in Versailles im späten 17. Jahrhundert die Autorität des *Ancien Régime* über Kultur und Natur bezeugen.

Solche prächtigen Fontänen dienen auch heute noch als kraftvoller Ausdruck nationaler Identität. Keine Hauptstadt ist vollständig ohne einen beeindruckenden zentralen Brunnen, und wie bei den ähnlich augenfälligen internationalen Wettbewerben um den höchsten Wolkenkratzer ist auch die höchste Fontäne ein ultimatives Symbol der Fähigkeit, Wohlstand und Macht zu generieren. Der 140 m hohe *Jet d'Eau* im Genfer See (geschaffen 1951) hatte diesen Titel einige Zeit inne, wird inzwischen aber von King Fahd's Fountain überstiegen, aus der das Wasser 260 m hoch in die Luft schießt.

Seit dem 18. Jahrhundert orientieren sich konkurrierende kommunale Bestrebungen an denen der nationalen Machthabenden. Viele Stadtväter errichteten gewaltige Parks mit komplizierten Springbrunnen, darunter auch Musikbrunnen, die im Rhythmus klassischer Musikstücke sprudelten.[2]

Das Lob der Wasserkraft in Architektur und Landschaftsgestaltung fand sich auch in anderen Kunstformen wieder. Händel schrieb seine *Wassermusik*

OBEN Illustration aus dem mittelalterlichen französischen Gedicht *Roman de la Rose,* um 14. Jahrhundert

für George I., und die Uraufführung fand auf einem Kahn auf der Themse statt. Jüngere Beispiele sind Maurice Ravels *Jeux d'Eau* (Wasserspiele, 1901), Claude Debussys *La Mer* (Das Meer) und seine *Reflets dans l'eau* (Reflexionen auf dem Wasser, 1905). Auch in Gedichten wird seit jeher die Schönheit des Wassers gewürdigt.

> „Wer hat nicht schon oft lange Stunden am Meer verbracht,
> wenn es ausgebreitet ihm zu Füßen lag, ohne Wellen oder Bewegung,
> und verträumt das wunderbare Bild betrachtet,
> Wie der blaue Spiegel im Sonnenlicht lächelt!"[3]

Eine ähnliche Verehrung zieht sich durch die visuellen Künste, die die Eigenschaften des Wassers preisen, seine Schönheit erkunden und die Bedeutungen sichtbar machen, die mit ihm verknüpft sind.

Als sich während der Industrialisierung die Gesellschaften demokratisierten und wohlhabender wurden, traten reiche Einzelpersonen in die Fußstapfen ihrer

OBEN Springbrunnen in Versailles

OBEN Musikbrunnen, Budapest

OBEN Claude Monet, *Seerosen,* 1908

Staatsoberhäupter und umgaben ihre gutsherrschaftlichen Häuser mit Parks, Seen und Springbrunnen. Wer in der Gesellschaft aufsteigen wollte, demonstrierte ab dem 18. Jahrhundert seine Zugehörigkeit zu den höheren Klassen durch das Anlegen großer Seen in sorgfältig gestalteten Parks und ausgeschmückter Quellen und Grotten mit häufigen visuellen Hinweisen auf klassische Figuren und den ihnen zugeschriebenen Kräften.

Wie die italienischen Renaissancegärten, die ihnen als Inspiration dienten (mit ihren Anklängen an mittelalterliche Himmelsgärten), enthielten diese adligen Landschaften oft Vorstellungen von spirituellen Reisen zur Quelle oder zum

Springbrunnen. Ein klassisches Beispiel ist Stourhead in Wiltshire, wo Sir Henry Hoare einen Garten in Auftrag gab, in dem Pfade die Gäste auf eine Reise durch arkadische Wälder nehmen, an Tempeln vorbei bis zu einer „unterirdischen" Grotte, die von einem Flussgott bewacht wird. Hier, in der mit Tuffstein ausgekleideten Höhle, befindet sich die Quelle des River Stour.[4] Eine klassische Nymphe liegt neben einem klaren Becken, an dem ein Gedicht zu lesen ist:

> „Diese heilige Quelle hüte ich, Nymphe der Grotte,
> und beim Murmeln des Wassers schlafe ich.
> Ach, lass mich schlafen, geh leise durch die Höhle
> und trinke in Stille oder wasche dich still."

WASSERERSCHLIESSUNG

Während die ästhetischen Eigenschaften und generativen Kräfte des Wassers künstlerisch mit fröhlichen Springbrunnen bejubelt wurden, machte man auch umfassenden Gebrauch von seinen Fähigkeiten, ökonomische Maschinen anzutreiben. Dampfturbinen befreiten die Produktion von der direkten Abhängigkeit von Wasserläufen. Mit dem Beginn des 19. Jahrhunderts nahm die industrielle

RECHTS Stourhead, Wiltshire

OBEN SS *Potsdam*, um 1852

Revolution an Fahrt auf und trieb ihre produktiven Aktivitäten auf der ganzen Welt mit zentrifugaler Kraft voran.

Für einige brach das 20. Jahrhundert mit enormer Zuversicht und großem Optimismus an, für andere mit großen Brüchen und Verlagerungen. Industrialisierte Gesellschaften hatten nun die Möglichkeit, nicht nur relativ mühelos an die abgelegensten Orte auf dem Globus zu reisen, sondern auch ehrgeizige Programme gesellschaftlicher und materieller Ingenieurskunst in Angriff zu nehmen, in denen Wasser die wichtigste Zutat darstellte. Es hatte sich eine sehr energische Vorstellung von Entwicklung etabliert. Evolutionäre Ideen hatten die Menschheit auf einen Pfad gebracht, auf dem die Industrialisierung und die Anpassung an ihre verschiedenen gesellschaftlichen und politischen Auswüchse als Gipfel des „Fortschritts“ galten. Die logische Folge war die Erwartung, dass die gesamte Welt und ihre Ökosysteme durch den „intelligenten Menschen“ gesteuert werden würden.[5]

Große gesellschaftliche Veränderungen spiegeln sich immer im Wasser. Die Wasserbauprogramme des 20. Jahrhunderts illustrieren genau die Vorstellungen von gesellschaftlichen und ökologischen Beziehungen, die die Ereignisse lenkten. In den Kolonien europäischer Nationen mussten die Umgebungen immer noch fügsamer und produktiver sein, was Edward Saids Definition von Imperialismus als einem „Akt geografischer Gewalt" entspricht, „durch den praktisch jeder Ort auf der Welt erkundet, kartiert und schließlich unter Kontrolle gebracht wird".[6]

Wasserläufe wurden daher zu „imperialem Wasser" gemacht, und man erwartete, dass sie sich den Vorstellungen von hydrologischen Strömen entsprechend verhielten, die historisch überwiegend in gemäßigten geografischen Breiten wurzelten, wo Trockenheit als minderwertig und „unzivilisiert" galt.[7] Die Vorstellung, dass Trockenheit moralisch unterlegen sei, hatte einen großen Einfluss auf die koloniale Erschließung. So machten sich beispielsweise im amerikanischen Westen und in Australien die Siedelnden nach der Vertreibung der indigenen Völker daran, die „Wüste zu begrünen".[8]

Solche Bemühungen wurden von Visionen eines gut bewässerten Utopia angetrieben, in dem Wasser, die Natur und die Menschen unter Kontrolle und in den produktiven Dienst gebracht wurden. In Australien beispielsweise manifestierten sich diese Vorstellungen in einer Form von Wasserbau, die im Gegensatz zum zurückhaltenden indigenen Wassermanagement, das sich 60 000 Jahre lang als nachhaltig erwiesen hatte, radikal lenkend war. Bohrstellen durchlöcherten das Große Artesische Becken wie ein Nadelkissen und wurden bald so zahlreich, dass der Grundwasserspiegel sank und immer tiefere Brunnen notwendig machte. Farmdämme verschandelten die Landschaft, damit das Vieh in der Trockenzeit Wasser hatte. Als sich dann die technischen Möglichkeiten verbesserten, staute man in gewaltigen Bauprojekten Flüsse auf und begann mit der Umsetzung großer Bewässerungspläne.

Wie die religiösen Konvertierungen indigener Völker waren auch diese Pläne häufig missionarische Bemühungen. Und so beschreibt Ernestine Hill in ihrer Darstellung früher Bewässerungssysteme in Australien (mit dem passenden Titel *Water into Gold: The Taming of the Mighty Murray River* [Wasser zu Gold: Die Zähmung des mächtigen Murray River]) denn auch einen moralischen Kreuzzug,

> „die Umgestaltung eines Kontinents durch Bewässerungswissenschaft. Das Wunder [...] im dürregeplagten Murray River Valley legte durch sein Beispiel bereits den Grundstein für die gewaltigen nationalen Pläne für die Erhaltung, Bewahrung und Verteilung von Wasser, die Australien heute verändern.
>
> Die unsichtbaren und unermesslichen Gewässer Australiens werden nun enthüllt und ausgelöst [...] Die riesigen artesischen Becken, die ‚stummen'

> Flüsse und verschwindenden Seen, die weitläufigen Überschwemmungen, die in Meer und Sand verloren gehen, können alle gerettet werden. Vor unseren Augen entsteht ein neues Australien."[9]

An Kapitelüberschriften wie „Apostel der Bewässerung", „Utopia am Murray" und „Naturgewalten" wird Hills Botschaft deutlich: Wenn Australien sich störrisch weigerte, ausreichend verlässliche Wasservorräte für den Fortschritt bereitzustellen, würden eifrige Ingenieurskunst und wissenschaftliche „Expertise" es dazu bringen. Wie die mittelalterlichen Schlangentöter wurden Wasserbauingenieure als Kulturhelden gefeiert, deren Aufgabe darin bestand, die großen Flüsse zu unterwerfen, die sich durch die Landschaft schlängelten. Und wie die Drachentöter waren es gewöhnlich Männer, was den Umgang mit und die Kontrolle über Wasser fest in männliche Hände legte.

DIE IDEE EINES STAUDAMMS

Wohl keine menschliche Erfindung drückt dermaßen umfassend die Macht über die materielle Welt aus wie ein Staudamm. Den Strom der Grundlage des Lebens einzuschränken, sie im Dienste menschlicher Bestrebungen zu kanalisieren - was könnte deutlicher Kontrolle signalisieren? Mehr noch: Die Überzeugung, dass Gesellschaften ein Recht darauf haben, liefert eine ideologische Vision der Beziehungen zwischen Mensch und Umwelt, die im Kontrast zu früheren, eher kollaborativen Arrangements mit anderen Arten und materiellen Umgebungen steht. Jamie Linton etwa merkt an, dass die Römer zwar prächtige Dämme und Aquädukte bauten, sich aber davor hüteten, den Fluss des Wassers zu behindern.

> „Das Wasser in den Aquädukten floss frei aus den Brunnen und Bädern Roms durch die Straßen der Stadt in den Tiber. Es gab keine Sperrhähne, keine technischen Einrichtungen, um das Wasser aufzuhalten. Das lag nicht etwa nur daran, dass sie das Ventil nicht erfunden hatten; der Respekt vor dem Wasser verlangte vielmehr, dass sein Fließen ‚eine notwendige Bedingung seiner korrekten Nutzung' blieb."[10]

RECHTS Der Hoover Dam

Das römische Gesetz verbot aktiv das Zurückhalten von Aquäduktwasser: *Aqua currit et debet currere ut correre solebat* („Wasser fließt und muss so fließen, wie es zu fließen pflegte"). Die Römer waren eindeutig stolz auf ihre Errungenschaften, wie an Frontinus' berühmter Prahlerei zu erkennen ist: „Wer will, möge diese Vielfalt unverzichtbarer Strukturen, die so viel Wasser transportieren, mit den müßigen Pyramiden oder den nutzlosen, wenn auch berühmten Werken der Griechen vergleichen!" Doch wie andere Gesellschaften jener Zeit sah auch die römische die Welt und ihre belebenden Kräfte als relativ gleichwertig zur Menschheit.

Das galt aber nicht für die Gesellschaften des 20. Jahrhunderts, die Bewässerungstechnik nutzten und wenig Zweifel an ihrem Recht hegten, Wasser mit gewaltigen Dammkonstruktionen aufzustauen, um ihre Fortschrittsziele zu erreichten. Sie beschränkten sich dabei auch keinesfalls auf vermeintlich „unberührte" Landschaften. Viele maßvolle „traditionelle" Bewässerungssysteme, die jahrhundertelang umweltverträglich funktioniert hatten, wurden durch radikaler lenkende Ausgestaltungen ersetzt.

„MÖGEST DU UNTER EINEM WASSERGRABEN ANBAUEN"[11]

Ein gutes Beispiel liefert Mattias Tagseth in einer Beschreibung aus Tansania: Die Hänge des Kilimandscharo waren lange eine wasserreiche „grüne Oase" in einer sonst trockenen Region und versorgten die kleinen Landwirtschafts- und Agroforstbetriebe der Chagga über ein System schwerkraftgesteuerter *mfongo*-Kanäle mit Wasser. Dieses intensive, aber maßvolle System, das von Stammeshäuptern beaufsichtigt wurde und im Kontext kosmologischer Überzeugungen und Rituale stand, in denen das Ausheben von Bewässerungsgräben mit dem Einsetzen des Regens verknüpft war, ermöglichte den stabilen und recht autarken Anbau einer Vielzahl von Feldfrüchten: „Auf einem *kihamba*-Feld können mehr als hundert Nutzpflanzen wachsen; die wichtigsten darunter sind Bananen, Kaffee, Bohnen und Hackfrüchte."[12]

Solche Systeme lassen sich jedoch nur auf einem bestimmten Niveau aufrechterhalten und sind anfällig gegenüber Wachstumszwängen. Das Bevölkerungswachstum führte zur Fragmentierung der Höfe und zu einer Bevölkerungsabwanderung, was sich auf die soziale Stabilität der Gemeinschaft auswirkte. Von außen eingeführte kosmologische Vorstellungen überlagerten das detaillierte örtliche Wissen und die lokalen Glaubenssysteme, die die Grundlage für das traditionelle Wassermanagement geliefert hatten. Schulpflicht und die

Konvertierung zum Christentum schwächten die Einhaltung der Kanalrituale und die Treue zu den mystischen Vorstellungen rund um das Bewässerungssystem.

In den 1930er-Jahren wurden die Chagga und ihre *mfongo*-Bewässerung verdrängt, als andere Gruppen um das Wasser am Kilimandscharo wetteiferten. Es wurden Pläne für Wasserkraftwerke und größere Bewässerungssysteme auf industriellem Niveau gemacht, die auf die Erzeugung marktfähiger Monokulturen ausgerichtet waren statt auf die vielfältige Selbstversorgung. Im späten 20. Jahrhundert wurden obligatorische Wasserlizenzen eingeführt, „um die wahrgenommene Wasserverschwendung zu begrenzen und die ‚unzulängliche' Bewässerungsorganisation durch die bäuerliche Bevölkerung zu reformieren".[13]

Dieses Beispiel versinnbildlicht, wie in kolonialen Gesellschaften auf der ganzen Welt und in den unabhängigen Staaten, die daraus entstanden, erst die Bewässerung und dann die Wasserkraft eng mit dem Aufbau der Nation verknüpft wurden, mit der Zentralisierung politischer Macht und der politischen und wirtschaftlichen Wettbewerbsfähigkeit auf internationaler Ebene. Eine utilitaristische Sicht auf das Wasser und die Sprache der Wissenschaft standen im Kern dieses Prozesses und befeuerten einen Diskurs, der „die Verknüpfung von Staudämmen und Entwicklung nur natürlich erscheinen lässt".[14] Doch auch die fundamentaleren Bedeutungen von Wasser spielen weiterhin eine zentrale Rolle: Wasser zu haben, bedeutet Macht, Leben und generative Potenz. Je größer also der Staudamm, desto größer die Nation.

Einer der ersten „Mega"-Wasserkraft-Talsperren war der Hoover Dam, der während der Großen Depression nahe Las Vegas am Colorado gebaut wurde.[15] Der 220 Meter hohe Staudamm gab Tausenden Arbeit und kostete fast 200 Menschen das Leben. 1999 wurde er zu einem der zehn wichtigsten Bauwerke des 20. Jahrhunderts gewählt und ist heute eine National Historic Landmark. Bei der Eröffnung des Damms 1935 ließ der US-Innenminister Harold Ickes keinen Zweifel an seinem Zweck: „Stolz erklärt der Mensch seinen Sieg über die Natur." Heute deckt der Damm 90 Prozent des Wasserbedarfs von Las Vegas und versorgt rund 25 Millionen Menschen mit Wasser und Elektrizität.

Einen ähnlichen Nationalstolz weckte in Australien das Wasserkraft- und Bewässerungssystem in den Snowy Mountains. Zwischen 1949 und 1974 wurden große Staudämme, Stauseen und Pumpstationen angelegt, die die Region radikal veränderten und eine wichtige Rolle für Australiens kulturelle und wirtschaftliche Unabhängigkeit spielten.

In China versuchte die nationalistische Regierung 1927, die Verwaltung teilweise wieder zu zentralisieren, indem sie die Huai River Conservancy Com-

LINKS Von der Passstrasse aus ist der Oberaarsee samt der Staumauer gut zu sehen. Er ist einer der Stauseen in den Berner Alpen, die die Wasserkraftwerke Oberhasli speisen.

mission („Kommission zur Erhaltung des Huai“) zur Förderung „moderner“ hydraulischer Praktiken gründete. Dieser Fokus auf große Wasserbauprojekte fiel mit zahlreichen ähnlichen Bestrebungen in der UdSSR und den USA zusammen und spiegelte „die durchsetzungsstarke Fähigkeit der Regierungen, [...] die natürliche Umgebung neu zu ordnen, um landwirtschaftliche und industrielle

Entwicklung voranzutreiben [...] [und] Wirtschaftswachstum und damit politische Legitimität zu konstruieren".[16]

Auf dieselbe Weise, wie der Nationalstolz, der in großen öffentlichen Springbrunnen zum Ausdruck kam, in lokalen Wasserspielen repliziert wurde, fand man auch in den Bewässerungssystemen auf Bundesstaat- und Betriebsebene Anklänge an die wahrhaft monumentalen nationalen Staudämme. Überall wurden Wasserläufe im Hinblick auf ihre Eignung für den Bau von Stauseen bewertet und auf ihr Potenzial, Wasser und Enerige zu liefern. Die Bedeutungen von Wasser als generative, schöpferische Substanz wurden in zunehmend utilitaristischen Begriffen neu gedacht; nun war es die Triebfeder des Wirtschaftswachstums, das als wesentlicher Faktor für die Wettbewerbsfähigkeit wachsender Populationen in einer globalen Wirtschaft gesehen wurde.

DER FREIZEITWERT VON WASSER

Das Generieren von Wachstum durch Wassernutzung erfolgte auf mehrere Arten. Große Bewässerungssysteme ermöglichten eine Erweiterung des Ackerbaus, der damit nicht nur größere Flächen einnahm, sondern (unter starkem Einsatz von Düngern sowie Pestiziden und Herbiziden) das Ackerland auch viel intensiver nutzte. Die Wasserkraft machte ein beachtliches Wachstum in der Herstellung und damit im Einsatz einer viel größeren Vielfalt von Ressourcen möglich. Als nichtindustrielle Ökonomien und traditionelle Agrarsysteme in

RECHTS
Springbrunnen und Wasserspiele bilden in Privatgärten oft den Mittelpunkt.

nationalen Bewässerungs- und Wachstumsplänen aufgingen, profitierten davon viele Menschen. Wer in wohlhabenden Industrieländern und dort insbesondere in den Städten lebte, hatte nun Zugang zu Ressourcen aus der ganzen Welt und genoss ein ganz neues Niveau materieller Fülle, verfügbaren Einkommens und freier Zeit, um beides zu nutzen.

Im letzten Jahrhundert wurde daher die Lebensweise, die zuvor nur kleinen Eliten zur Verfügung stand, für mehr Menschen erreichbar. Es bestehen allerdings weiterhin große Ungleichheiten: In Indien etwa ist sauberes Wasser oft nur den oberen Kasten zugänglich, während in den Slums nicht selten überhaupt keine Wasserversorgung besteht.[17] Aber in Europa verfügen gewöhnliche Privathaushalte schon lange über fließendes Wasser, heißes Wasser, Zentralheizung, grünen Rasen und die ewigen Indikatoren des gesellschaftlichen Status: Swimmingpools, Gartenteiche und natürlich sprudelnde Springbrunnen, ein Ausdruck gesellschaftlicher Handlungsmacht auf Familienebene. Mehr als in jeder anderen Entwicklung kommt in diesem Wasserreichtum im häuslichen Bereich der Aufstieg der Mittelklasse in industrialisierten Gesellschaften zum Ausdruck.

Neben dem verschwenderischen Umgang mit Wasser im Haushalt ermöglichte der Wasserreichtum durch die industrielle Nutzung des Wassers auf

LINKS South Bank Lagoon, Brisbane, Australien

RECHTS Herumtreiben im Boot

ähnliche Weise einen demokratisierten Zugang auch zum Reisen und zu Freizeitaktivitäten. Ein neuer Strom Reisender tauchte ein in den kulturübergreifenden Austausch von Überzeugungen, Wissen und Objekten. Wie bei den heimischen Wasserspielen konzentrierte sich der Tourismus auf die ästhetischen Eigenschaften von Wasser und auf seinen Erholungswert. Und in nahtloser Anknüpfung an die Vorstellungen, denen früher die Heilbäder Popularität verschafft hatten, konzentrierte man sich auf Wasserorte und baute Ferienanlagen vor allem an Stränden, Flüssen und Seen.[18]

Es entstanden mehrere unterschiedliche Tourismusbereiche; einige konzentrierten sich auf die Verbindung zur Natur, andere eher auf den Luxus, einfach mit Wasser zu spielen.

> „‚Glaub mir, junger Freund, da gibt es nichts ... überhaupt gar nichts ... das auch nur halb so viel wert wäre, wie sich in Booten herumzutreiben. Einfach herumtreiben', fuhr sie träumend fort, ‚sich ... in ... Booten ... herumtreiben ...'"[19]

Verschiedenste Wassersportarten erlangten Popularität, als Wasserresorts ins Zentrum der Freizeitaktivitäten rückten. Angeln, lange nur an Flüssen betrieben, verschob sich auf das Meer, als mehr Menschen Zugang zu kleinen Booten hatten. Neue Technologien brachten billige Kanus, Windsurfbretter und schließlich den brüllenden Jetski hervor. Wasserparks mit Rutschen und Planschbecken wurden gebaut. Viele Menschen entdeckten das Tauchen und Schnorcheln. Gewässer hatten nichts von ihrem Reiz als Orte der Entspannung und Wiederherstellung des Ichs verloren, und dank all der gewaltigen Staudammprojekte gab es nun überall Süßwasserreservoirs, auf denen man mit Booten fahren, in denen man schwimmen, an denen man picknicken und um die man herumspazieren konnte.

Wie das späte 17. Jahrhundert aktivere und kontrollierendere körperliche Interaktionen mit Wasser gebracht hatte, die ihren Ausdruck in Schwimmwettbewerben fanden, bewegte man sich im späten 20. Jahrhundert noch weiter von der kontemplativen „Zwiesprache mit der Natur" weg und hin zu aktiven Wassersportarten, bei denen man mit dem Wasser etwas „tat", statt nur an oder in ihm zu „sein". Mit dem Aufkommen einer hochprofitablen Tourismusbranche wurden Wasserorte und ihre Freizeitpotenziale als konsumgerechte Freizeit-„Erlebnisse" neu verpackt. Oft führte das zu Enklaven von Luxus und intensiver Wassernutzung in ärmeren Ländern, wodurch nicht nur Wasser und Land, sondern auch die indigene Bevölkerung zur Handelsware wurden. Das „Paradies" war nicht mehr ein spiritueller Garten, sondern ein Luxusresort in den Tropen.

Dennoch übt Wasser noch immer eine eigene verführerische Macht aus, und einigen der heranwogenden Reisenden ging es mehr um Interaktion als um Konsum, weil sie ihrem immer anstrengenderen Stadtleben entkommen wollten und Erholung in der Wiederverbindung mit der Natur suchten. Die sensorische Beschäftigung mit Wasser hat ein enormes Potenzial, emotionale Reaktionen hervorzurufen, die Fantasie anzuregen und einen tiefen Eindruck zu hinterlassen. David Reasons Erinnerungen an seine Kindheitserlebnisse illustrieren das sehr schön. Er beschreibt

> „eine leuchtende Erinnerung daran, mich in einem Waldtümpel über Wasser zu halten [...] Wenn ich mich nur ein wenig darauf konzentriere, kann ich heute noch das Wasser riechen, das leichte Zupfen der Wasseroberfläche an meinen Wangen spüren, über das gekräuselte Licht einer Wasseroberfläche blicken, die alle Dimensionen auflöst, und die blinzelnden, von hinten beleuchteten Blätter in den Baumwipfeln sehen."[20]

Es ist erwiesen, dass solche emotionalen Interaktionen wichtig für die Ausbildung eines Interesses für die Umwelt sind,[21] und in der zweiten Hälfte des 20. Jahrhunderts gab es eine erkennbare Beziehung zwischen steigenden Freizeitaktivitäten und größerer Sorge um die Umwelt. Nun, da der Großteil der

Menschen sich in den Städten drängte, wurden Gebiete, die man einst abfällig als „Busch“, „Dschungel“ oder „Hinterland“ bezeichnete, im Sprachgebrauch in „Wildnis“ umgetauft und damit der romantische Widerstand gegen die Industrialisierung und das mit ihr verbundene Unbehagen wiederbelebt.

Auf der Grundlage dieser positiven Naturbilder und des Verlangens nach Gleichheit, das sowohl im Bürgerrechts- als auch im feministischen Kontext laut wurde, entstand eine Umweltschutzbewegung, die Wertschätzung für und Sorge um die Rechte nichtmenschlicher Arten und der Ökosysteme äußerte, von denen sie abhängig waren. Ein integraler Bestandteil dieser Bewegung war eine Kritik der gesellschaftlichen und ökologischen Auswirkungen von Kommerzialisierung und Konsum.

Was diese Gegenbewegungen verlangten, war im Wesentlichen mehr Gleichheit zwischen den Menschen und eine weniger anthropozentrische, egalitärere Beziehung zwischen Menschen und anderen Lebewesen. Der Informationsfluss um die Welt machte den Protest der Enteigneten und Entrechteten hörbar. Indigene Völker - deren nachhaltige Methoden der Interaktion mit ihrer Umgebung lange Zeit „alternative“ kluge Köpfe in Industriegesellschaften inspiriert hatten - klinkten sich in die internationale Kommunikation ein.[22]

In der zweiten Hälfte des 20. Jahrhunderts konnte man auch nicht länger ignorieren, dass eine noch intensivere Nutzung der Wasservorräte der Erde zunehmend alarmierende Auswirkungen auf Menschen und Ökosysteme hatte. Es überrascht nicht, dass sie mit den Haupteigenschaften von Wasser zusammenfallen - seiner Fähigkeit, geordnet durch Systeme zu zirkulieren, Nährstoffe zu transportieren und Abfallstoffe zu entfernen, andere Substanzen zu absorbieren und die Temperatur stabil zu halten. Die Auflistung der verschiedenen Belastungen, denen die Menschen heute das Süß- und Salzwasser unterziehen, ist notgedrungen eine traurige Litanei.

8 WASSER UNTER DRUCK

„ANLAGEN, DIE GEFÄHRLICHE KRÄFTE ENTHALTEN“

Seit dem Bau des Hoover Dam wurden in 140 verschiedenen Ländern rund 45 000 „große“ (über fünf Stockwerke hohe) Staudämme errichtet. Sie stauen 60 Prozent der großen Flüsse weltweit auf und schaffen Stauseen, die zusammen der Fläche von Kalifornien entsprechen.[1] Der Zweck dieser Dämme besteht darin, Wasser für Haushalte, Bewässerung, Elektrizität aus Wasserkraft und Industrie bereitzustellen und zum Hochwasserschutz beizutragen. Wie die Nutzung von Wasser in jeder Phase der Menschheitsgeschichte spielten sie eine zentrale Rolle im Streben von Gesellschaften nach Gedeihen und in den letzten Jahrhunderten auch in ihren Wachstumsbemühungen.

In den letzten Jahrzehnten jedoch stieg die Sorge um die Auswirkungen von Staudämmen auf soziale und ökologische Systeme und auch auf den Planeten an sich. Inzwischen wird ein derartig großes Wasservolumen (rund 10 Billionen Tonnen) aufgestaut, dass dies Studien des NASA-Forschungszentrums zufolge bereits die Geschwindigkeit der Erdrotation und die Neigung der Erdachse verändert hat.[2]

Mit dem Bau dieser vielen großen Staudämme wurden zwischen 40 und 80 Millionen Menschen in ländlichen Gemeinden aus ihrer Heimat vertrieben; damit gingen gleichzeitig lokales kulturelles Wissen und örtliche Praktiken verloren und – weil die Menschen sich schon immer am Wasser niedergelassen haben – auch viele antike archäologische und historische Stätten. Vertriebene Populationen wurden oft der Armut und der Abhängigkeit von Sozialhilfen überlassen oder zogen in die städtischen Slums, wo sie an schlecht bezahlte und unsichere Formen von Arbeit gebunden sind. Michael Cernea beschreibt die Auswirkungen der Vertreibung so: „Landlosigkeit, Arbeitslosigkeit, Obdachlosigkeit, Marginalisierung, Ernährungsunsicherheit, erhöhte Morbidität, Verlust des Zugangs zu Gemeingütern und soziale Desartikulation“.[3] Solche Umwälzungen wirken sich besonders auf Frauen im ländlichen Kontext entmächtigend aus, erhöhen die notwendige Arbeitskraft, um im häuslichen Kontext Gesundheit und Hygiene zu erhalten, und verlangen ökonomische Praktiken, die Ungleichheiten in der Geschlechterbeziehung verstärken.[4]

In den letzten Jahrzehnten ist der internationale Widerstand gegen große Staudammprojekte und Wasserumleitungspläne gewachsen. Umweltschutz- und Menschenrechtsorganisationen äußern sich immer lautstärker, und es bilden sich spezialisierte Gruppen zur Verteidigung der Flüsse, etwa das International Rivers Network und das European Rivers Network. 1997 wurde in Reaktion auf diesen Gegendruck die Welttalsperrenkommission (World Commission on Dams, WCD) gegründet, um „von Staudämmen betroffene Menschen und die Umwelt zu schützen und sicherzustellen, dass der Nutzen von Staudämmen gleichmäßiger verteilt wird".[5] Die Kommission stellte eine umfassendere Entwicklungsagenda zwar nicht infrage, stellte aber immerhin fest, dass Staudämme zwar beträchtlichen Nutzen gebracht haben, „in zu vielen Fällen jedoch [...] ein unakzeptabler und oft unnötiger Preis gezahlt [wurde], um diesen Nutzen zu sichern, insbesondere in gesellschaftlicher und ökologischer Hinsicht, von vertriebenen Menschen, von Gemeinschaften flussabwärts, von Steuerzahlerinnen und Steuerzahlern und von der natürlichen Umgebung".[6] Auch wenn viele Länder Staudämme immer mehr in Zweifel ziehen, setzen manche – zum Beispiel Indien, China, Südkorea und einige afrikanische Nationen – weiterhin voll auf weitere Entwicklungen in diese Richtung.

Wie in der Kolonialzeit, als das große Ziel darin bestand, widerspenstige indigene Populationen zu bändigen, Hungersnöte zu vermeiden und eine lukrative Einkommensbasis zu entwickeln, wird die Bewässerungswirtschaft in diesen Kontexten immer noch als das präsentiert, was Gerardo Halsema und Linden Vincent den „politischen Diskurs eines gütigen väterlichen Staats" nennen, „der die Gesellschaft modernisieren wird, indem er neue Systeme des Rechts, der Gerechtigkeit und der Gleichheit einführt".[7]

Tatsächlich bedeutet eine solche „Modernisierung" eine Verschiebung von lokalen Methoden des Umgangs mit Wasser und der Verteilung von Ressourcen, die oft über Jahrhunderte verfeinert wurden, hin zu einer zentralisierteren, stärker lenkenden Gestaltung. Zahlreiche ethnografische Aufzeichnungen belegen, wie fein ausbalanciertes traditionelles Wissen und Umgangsformen mit geteilten Wasserressourcen durch die Auferlegung einer entwicklungsorientierteren Führung durcheinandergebracht wurden.

Ein klassisches Beispiel sind die Wassertempel in Bali, wo ein althergebrachtes traditionelles System religiöse Überzeugungen und stammesgesellschaftliche Vereinbarungen kombiniert und Dorfpriester ermächtigt, ein komplexes System von hydrologischen Strömen durch die Reisterrassen zu steuern. Stephen Lansings Arbeit hat gezeigt, wie eine stärkere Kontrolle durch die

Regierung und die Förderung von Entwicklungszielen zusammen mit „wissenschaftlichen“ Methoden der Produktionssteigerung sich schnell als weniger nachhaltig erwiesen, weil sie über sorgfältig ausbalancierte soziale Wechselwirkungen hinweggingen und die Komplexitäten der lokalen Ökosysteme nicht einbezogen.[8]

In Indien ging die nationale Unabhängigkeit Hand in Hand mit Nehrus Erklärung, dass „Staudämme die Tempel des modernen Indiens“ seien. Seit den 1970er-Jahren gibt es anhaltende Kämpfe zwischen denen, die Staudämme befürworten, und denen, die sie ablehnen, und das Narmada Valley Development Project wird weiterhin von großen gesellschaftlichen, politischen und legalen Kontroversen begleitet. Größtenteils ohne die Einbeziehung der 1,5 Millionen Menschen, die deswegen umziehen müssten, hatte die Regierung 30 große, 135 mittelgroße und 3000 kleine Staudämme am Narmada und seinen Zuflüssen vorgeschlagen.[9] Die Friends of the River Narmada schreiben dazu:

> „Die Befürworter behaupten, dass dieser Plan große Mengen an Wasser und Elektrizität bereitstellen würde, die zu Entwicklungszwecken dringend benötigt würden […] Blickt man jedoch hinter all die Rhetorik, die Lügen und die Ausreden des eigennützigen Interesses, werden die krassen Ungleichheiten

UNTEN Pura Ulun Danu, balinesischer Wassertempel

RECHTS Sardar-Sarovar-Talsperre am Narmada, Indien

deutlich. Eine große Zahl armer und unterprivilegierter Gemeinschaften (hauptsächlich Stämme und Dalits) werden ihrer Lebensgrundlage und sogar ihrer Lebensweise beraubt, um Platz für Dämme zu schaffen, die auf der Grundlage unglaublich zweifelhafter Behauptungen über Gemeinnutz und ‚nationales Interesse' gebaut werden sollen."[10]

Auch der Autor Arundhati Roy sprach sich entschieden gegen den Plan aus:

„Große Dämme sind für die ‚Entwicklung' eines Landes, was Atombomben für sein militärisches Arsenal sind. Beides sind Massenvernichtungswaffen [...] Sie stehen für das Durchtrennen der Verbindung, und nicht nur der Verbindung – des Verstehens – zwischen den Menschen und dem Planeten, auf dem sie leben. Sie verschleiern die natürlichen Zusammenhänge, die Eier mit Hennen verbinden, Milch mit Kühen, Nahrung mit Wäldern, Wasser mit Flüssen, Luft mit Leben und die Erde mit der menschlichen Existenz."[11]

Die Umleitung von Wasser in die industrielle Produktion wirft auch ein Schlaglicht auf die Spannungen zwischen Ansichten über ererbte Rechte an Wasser-Commons, also Wasser als Gemeingut, und die Neuschaffung von Wasser als verkäufliche Handelsware. Zum Beispiel gab es, ebenfalls in Indien, in den 2000er-Jahren große Kontroversen über Coca-Colas riesige Abfüllbetriebe in Plachimada im Bundesstaat Kerala, im Distrikt Sivaganga in Tamil Nadu und in Kaladera in Radschastan. Jahrelang zogen kommunale zivilgesellschaftliche Initiativen dagegen vor Gericht mit dem Argument, dass der Wasserverbrauch des Unternehmens den Grundwasserspiegel in benachbarten Gebieten massiv gesenkt oder das Grundwasser verunreinigt habe, was praktisch der Aneignung der lange bestehenden Wasserrechte der ansässigen bäuerlichen Bevölkerung entspräche.[12]

Ausgedehnte Proteste (wenn auch mit geringeren Auswirkungen) gab es auch gegen den Drei-Schluchten-Staudamm in China. Wegen des Mammutprojekts, das den Jangtse seit 2009 mit Mauern aufstaut, die fünfmal so groß sind wie der Hoover Dam, mussten Millionen Menschen umgesiedelt werden. Und egal, ob große Flusssysteme oder kleine Wasserläufe – die Kosten von Staudämmen werden keineswegs nur von den menschlichen Populationen getragen. Das Aussterben des seltenen Chinesischen Flussdelfins im Jangtse (auch „Göttin des Flusses“ genannt) ist nur eins von vielen Beispielen. Neben der Vereinnahmung großer Teile des Flusstals und der Wälder stören Dämme auch die normalen Bewegungen des Flusses, an die sich die lokalen Arten angepasst haben.

Radikale Veränderungen des Wasserstroms können sich katastrophal auf wasserlebende Arten auswirken und auch auf die Arten, die von ihnen abhängig sind. Staudämme verhindern, dass Schlick sich in den fruchtbaren Deltagebieten ablagert und dass Nährstoffe ins Meer gelangen. Zu Spülungszwecken abgelassenes Wasser rauscht durch ausgetrocknete (und daher empfindliche) Täler, reißt Flussbetten und Ufer fort und führt zu einer Erosion, die die Wasserqualität sowohl in Flüssen als auch in Ökosystemen an den Küsten beeinträchtigt. Ohne Fischleitern verhindern Staudämme die Wanderungen flussaufwärts, die viele Fischarten zum Laichen unternehmen müssen.

Menschen und andere Arten flussabwärts eines Damms sind auch auf andere Arten gefährdet. Das Anlegen großer Stauseen erhöht das Risiko seismischer Aktivitäten in einer Region und stellt ein zusätzliches Überschwemmungsrisiko dar, falls der Damm von diesem oder anderen Ereignissen betroffen ist. Mehrere große Staudämme sind schon einmal gebrochen, meist nach schweren Regenfällen oder aufgrund von Konstruktionsschwächen, und inzwischen werden

Stauanlagen auf Karten mit drei orangefarbenen Punkten markiert, nach dem humanitären Völkerrecht die Kennzeichnung für „Anlagen und Einrichtungen, die gefährliche Kräfte enthalten".

WASSERKNAPPHEIT

Trotz all der massiven Aufstauungen bedeuten Bevölkerungsbewegungen in die städtischen Slums und unzureichende Wasservorkommen in manchen Gebieten, dass für etwa eine Milliarde Menschen die Trinkwasserversorgung nicht gesichert ist und dass doppelt so viele nicht über angemessene Sanitäreinrichtungen verfügen. Das Umleiten von Wasser in menschliche Aktivitäten hatte auch große Auswirkungen auf seine Qualität, und auch hier sind die Armen der Welt die Hauptleidtragenden: 10 000 bis 14 000 Menschen (überwiegend Kinder) sterben jeden Tag an wasserbürtigen Krankheiten.[13] Es bestehen große Ungleichheiten in dieser Ordnung: Die Plastikflaschen mit sauberem Quellwasser, die westliche Teenager wie prothetische Erweiterungen ihrer Hände mit sich herumtragen, erfordern in der Produktion sechsmal so viel Wasser, wie sie enthalten.[14]

Aufgrund der Fähigkeit des Wassers, andere Substanzen aufzulösen und zu transportieren, tragen Flora und Fauna in ihrer Gesamtheit die Kosten der Wasserverschmutzung mit. Eins der verbreitetsten Umweltprobleme durch Staudämme und Bewässerungssysteme ist die Versalzung riesiger Landstriche. Die

RECHTS Behausungen am „Fluss" in Manila (Philippinen)

OBEN Versalztes Land in der Etosha-Pfanne, einem Teil der Kalahari-Senke in Namibia

regelmäßige Bewässerung flach wurzelnder Nutzpflanzen erhöht den Grundwasserspiegel und bringt Salze an die Oberfläche, die den Boden vergiften und selbst für die einheimische Vegetation unfruchtbar machen. Zu einem großen Teil wird für die künstliche Bewässerung auch Grundwasser hochgepumpt. Die Grundwasserschichten sind aber nicht nur endlich, weil es Jahrhunderte dauert, bis sie sich wieder gefüllt haben, sondern viele enthalten auch Salze und andere Mineralien, die sich negativ auf Bodenstrukturen auswirken. Auf dieselbe Weise, wie die Bemühungen früherer Agrarmodelle um die „Begrünung der Wüsten" wegen der Versalzung versagten, ist der Salzgehalt im Boden auch heute ein großes Problem in Israel, dem Nahen Osten, den USA und Australien. Weltweit sind 1 Milliarde Hektar Land von Versalzung betroffen, und es wird erwartet, dass diese Zahl mit dem Klimawandel, längeren Dürreperioden und dem Anstieg der Meeresspiegel noch zunimmt.[15]

Verschärft wird die Wasserverschmutzung auch durch geringere Durchflussmengen in Flüssen. Aufstauungen und Übernutzung von Grundwasserschichten verhindern die jährlichen Schwemmen, die in vielen Flüssen bisher den Detritus wegspülten und Schlick und schwerere Schmutzstoffe ins Meer trugen. Geringe Durchflussmengen bedeuten auch eine geringere Verdünnung etwaiger Salze und Schadstoffe in Wasserläufen; daher ist – auch wenn man sich inzwischen dieses Themas annimmt – der Colorado bei seinem Eintreffen in Mexiko nur noch ein salziges Rinnsal, sodass den mexikanischen Landwirt:innen noch „flüssiger Tod" übrig bleibt, um ihr vorzügliches Ackerland zu bewässern.[16]

Trotz regulatorischer Bemühungen, Flussufergebiete zu schützen, haben industrielle Agrarmethoden einen Strom von Chemikalien und anderen Schadstoffen in Wasserläufe eingebracht. Viele moderne Nutzpflanzen sind nicht nur vom Einsatz von Herbiziden und Pestiziden abhängig (was gleichzeitig zum Verschwinden ganzer Populationen von Pflanzen und Insekten führt)[17], sondern

UNTEN Seit 1970 verzeichnete die International Tanker Owners Pollution Federation (ITOPF) über 10 000 Ölverschmutzungen.

OBEN Korallenriff im Roten Meer

auch vom massiven Gebrauch von Düngern, die sich über den übermäßigen Nährstoffeintrag in Wasserläufe drastisch auf das Pflanzenwachstum auswirken und auch zur Eutrophierung und damit zu einem Sauerstoffmangel im Wasser führen können.[18] Dazu kommt noch die nährstoffreiche Gülle aus Milchbetrieben mit Intensivhaltung, die oft auf den üppigen Wässerwiesen an Flüssen angesiedelt sind.

Das gegenteilige Problem ist der saure Regen durch Industrieabgase in der Luft, der das Wasserpflanzenwachstum behindern kann. Neben den Schäden in den Wäldern hat er in Teilen Kanadas und Europas zur Entstehung „toter" Seen geführt, in denen nur noch Faulalgen (*Mougeotia,* auf Englisch auch *ele-*

phant snot [„Elefantenschnodder“] genannt) wachsen. Auf der Grundlage dieses Drucks auf aquatische Ökosysteme und der fortgesetzten Trockenlegungen zur Gewinnung weiteren Ackerlands sagt die IUCN voraus, dass im nächsten halben Jahrhundert 41 Prozent aller Amphibienarten weltweit zum Aussterben verurteilt sind.[19]

Metaphorisch und buchstäblich endet natürlich alles im Meer, und hier sind die Auswirkungen der Umweltverschmutzung in den empfindlichen marinen Ökosystemen deutlich zu spüren. Schmutzwasserauslässe, aus denen jährlich noch immer Millionen Tonnen menschlicher Ausscheidungen ins Meer fließen; Schwermetalle aus der Industrie, die mit jedem Ausbaggern flussabwärts und aus den Flussmündungen ins Meer verlagert werden; mit deprimierender Regelmäßigkeit eintretende Ölverschmutzungen und andere chemische Katastrophen – die Belastungen der marinen Ökosysteme sind vielfältig. An einer Küste nach der anderen verschwinden die Seegräser und andere Wasserpflanzen, von denen verschiedene Arten leben, und kleine Biota ersticken. Aufgrund der Meeresverschmutzung und der Auswirkungen steigender Temperaturen und Veränderungen der Meeresspiegel bleichen Korallenriffe, diese über Jahrtausende entstandenen farbenprächtigen Kaleidoskope, aus und sterben ab, und das in einer Geschwindigkeit, dass sie Berechnungen der IUCN zufolge bis zur Mitte des 21. Jahrhunderts alle verschwunden sein werden.[20]

Euripides schrieb: „Das Meer reinigt uns von allen Krankheiten“, doch obwohl viele Gesellschaften in der Vergangenheit davon überzeugt waren, dass „das große Abflussbecken“ über unendliche Kapazitäten verfügte, um aufzunehmen, zu reinigen und wiederherzustellen, ist das heute mehr als je zuvor eine gefährliche Illusion.[21]

UNTERMINIERUNG DER MEERE

Materielle Verschmutzung ist nicht die einzige Belastung mariner Umgebungen. Lärmverschmutzung – „akustischer Smog“ – betrifft alle Arten, die über Echolokation miteinander kommunizieren oder sich in den Ozeanen orientieren. Mit dem Schrumpfen der nördlichen Polkappe und der daraus resultierenden Öffnung der Nordwestpassage gab es dort eine rasche Zunahme des Schiffsverkehrs. Motorenlärm, seismische Kartierungen des Kontinentalsockels und Erdgasexplorationen haben das Ausmaß des Unterwasserlärms in den Frequenzen, die von Walen und Delfinen für die Echoortung benutzt werden, massiv erhöht.[22]

LINKS Gestrandeter Schweinswal in Norderney (Deutschland)

Der Bergbau gehört in jedem Fall zu den Industriezweigen, die das Wasser am stärksten verschmutzen, und erlebt aktuell einen weltweiten Aufschwung, der die steigende Industrienachfrage nach Mineralien befriedigen soll. Schwemmlandausschachtungen tragen Flussufer ab und verursachen eine starke Zunahme der Wassertrübheit. Fast alle Bergbauaktivitäten erfordern große Mengen an Wasser zum Auswaschen von Erz, und trotz der Bemühungen der Umweltbehörden sind Abwässer aus dem Bergbau weiterhin eine bedeutende Schadstoffquelle. Besonders verheerend ist der Einsatz von Substanzen wie Zyanid zur Extraktion von Mineralien aus dem Erz, die zwar theoretisch in Absetzteichen zurückgehalten werden, im Laufe der Zeit daraus jedoch regelmäßig in Wasserläufe einsickern.

Bergbautätigkeiten haben bedeutende Auswirkungen auf die Wassernutzung und auf Ökosysteme flussabwärts, aber oft besetzt die Branche eine Poleposition in den nationalen wirtschaftlichen Bestrebungen, und transnationale Bergbauunternehmen unterhalten entsprechend herzliche Beziehungen, zu zentralisierten Staatsorganen. So sind sie in der Lage, ihre Aktivitäten immer weiter auszudehnen, oft werden sie gar dazu ermutigt. In seinem Bericht über den Bergbau im Quellgebiet des Ok Tedi in Papua-Neuginea stellt Stuart Kirsch fest, dass ein solches Machtungleichgewicht zu schweren Menschenrechtsverstößen führt.[23] Es gibt eine Fülle ähnlicher Beispiele auf der ganzen Welt: Die aggressive Ausweitung des Bergbaus seit den 1980er-Jahren erfolgte überwiegend in neuen Gebieten, vor allem in der Asien-Pazifik-Region, und führte regelmäßig zur Aneignung und Verschmutzung örtlicher Wasserläufe zum Nachteil lokaler ökonomischer Praktiken und des Wohlergehens indigener Gemeinschaften. Gewalttätige

Proteste und „Ressourcenkriege“ waren die Folge, mit hohen Kosten für die gesellschaftliche Stabilität und das gesellschaftliche Wohlergehen.[24]

Kontroversen über die Auswirkungen des Bergbaus auf Wasser sind alles andere als neu. Schon der japanische Gelehrte Kumazawa Banzan (1619–1691) warnte: „Das Ausschachten von Minen für den Export in fremde Länder plündert Japans Berge und verflacht seine Flüsse.“ Dabei machte ihm nicht so sehr die Wasserverschmutzung Sorgen als vielmehr das offenkundige Abrücken von der Harmonie mit der Natur.[25] 1877 berichteten Forschende an der Universität von Tokyo, dass aufgrund der sorgfältigen Regulierung durch das Tokugawa-Regime (1600–1867) Tokyos Wasser in puncto Sauberkeit das von Paris und London übertraf. Doch Industrialisierung und internationaler Handel führten dazu, dass die Einkünfte aus dem Bergbau die aus der Landwirtschaft allmählich überstiegen.

Kaum ein Jahrzehnt später reichten Landwirt:innen am Fluss Watarase im Norden von Tokyo eine Petition für die Schließung der Kupfermine in Ashio ein, weil sie den Fluss verschmutze und ihre Felder und ihre Gesundheit geschädigt habe. Das Wasser war bläulich-weiß geworden, Fische waren gestorben, und wer sie aß, wurde krank. Fischerdörfer gingen zugrunde, als der Fischverkauf verboten wurde. Schwere Überschwemmungen 1888 und 1890 verschärften das Problem: Feldfrüchte verschrumpelten, Arbeitskräfte auf den Farmen entwickelten Geschwüre, und die Menschen im Dorf flehten die Landesregierung an, die Mine zu schließen. Doch Kupfer war damals Japans drittwichtigstes Exportgut,

RECHTS
Kagara-Mine am Mount Garnet in Queensland (Australien)

und „gefangen in den Anforderungen der raschen Modernisierung war die japanische Meiji-Regierung (1868–1912) nicht sofort gewillt, die Bergbautätigkeiten einzuschränken".[26]

Die heutige Bergbautechnologie machte es möglich, eine derart extreme Wasserverschmutzung zu verhindern – wenigstens in Gebieten, wo Umweltschutz sowohl verlangt als auch durchgesetzt wird. Doch es gibt heimtückischere Schmutzstoffe in den Eintragungen aus dem Bergbau und anderen Industriezweigen, die sowohl Süß- als auch Salzwasser beeinträchtigen. Joanna Burger und Michael Gochfeld beschreiben die Anreicherung von Schwermetallen wie Quecksilber, Cadmium und Blei in Meereslebewesen:

> „Menschen sind stark von Nahrung aus dem Meer abhängig, darunter Algen, Schalentiere, andere Wirbellose wie Krebse, Kraken und Kalmare, Fische, Vögel und ihre Eier sowie Meeressäuger [...] Schwermetalle liegen im Wasser gelöst vor, an bestimmte Materie gebunden oder in Biota eingebunden. Sind sie erst einmal in der Wassersäule oder im Sediment, können sich Schwermetalle in Organismen anreichern."[27]

CHEMISCHE LÖSUNGEN

Die Wasserqualität in vielen Seen, Flüssen und Meeren wird auch durch pharmazeutische Produkte und Reinigungsmittel beeinträchtigt, mit denen die Menschen ihre Körper und ihre Umgebung desinfizieren und verschönern: Steroide, Hormone, Antibiotika und Entzündungshemmer sowie Waschmittel, Sonnenschutzmittel, Parfüms und Tierarzneimittel.[28] Über Ausscheidungen und weil sie in der Abwasseraufbereitung nicht erfasst werden, „werden viele in ausreichend hohen Konzentrationen gefunden, um nicht nur Wasserlebewesen Schaden zuzufügen, sondern auch eine potenzielle Gefahr für Menschen darzustellen."[29] Zu diesen Gefahren gehören die Auswirkungen „recycelter" Verhütungsmittel auf die Fruchtbarkeit, der Einfluss von Steroiden und Hormonen auf das individuelle chemische Gleichgewicht im Körper und sogar die Gefahren durch die Verwendung von Chlor bei der Trinkwasseraufbereitung.[30]

Als „fremder Leute Substanz" stellen die Flüssigabfälle anderer Menschen – wenn etwa rückstauendes Abwasser aus Abflüssen oder der Toilette läuft – die abstoßendste Kategorie der Umweltverschmutzung dar. Kein Wunder also, dass die Sorge der Menschen um die Trinkwasserqualität eher größer als kleiner geworden ist, obwohl die Wasseraufbereitung in vielen Teilen der Welt in wissenschaftlicher Hinsicht große Fortschritte gemacht hat. Zum Teil spiegelt das die distanzierteren sozialen Beziehungen in industrialisierten Gesellschaften wider. Enge soziale Beziehungen machen das Teilen von Wasser und anderen Substanzen weniger problematisch: Man bedenke nur, wie beispielsweise das Teilen von Badewasser oder sogar eines Glases Trinkwasser einen direkten Einblick in den Intimitätsgrad der Beziehung zwischen zwei Menschen gibt. Die Substanz fremder Leute ist jedoch etwas ganz anderes, und genau so, wie persönliche Hygiene und das „Abschotten des Ichs" mit der Verstädterung eine wichtige Bedeutung erlangten, geschah das auch mit Vorstellungen über die Wasserqualität. Die meisten Städte nutzen heute aufbereitetes Wasser, und die Aufnahme von Wasser, das zuvor eine Reihe von fremden Leuten passiert hat, gilt bestenfalls als unerfreuliche Notwendigkeit.

Auch die Beziehungen zu Wasserversorgern wurden immer distanzierter, als diese zu Körperschaften wurden. In der Vergangenheit gab es bereits viele erhitzte Debatten über die Wasseraufbereitung und den Einsatz von Chlor und Fluoriden, doch verschlimmert wurden diese Zweifel durch das Misstrauen gegenüber den transnationalen Konzernen, denen heute viele zuvor lokale Wasserversorgungsunternehmen gehören. Ein ähnliches Misstrauen gegenüber der industrialisierten Landwirtschaft und den Auswirkungen ihrer Aktivitäten auf Wasserläufe verstärken die Sorgen und erwecken das Gefühl, dass Wasser auf seinem Weg durch solches Ackerland und durch Industriegebiete zusätzlich an Qualität einbüßt.

Es gibt also durchaus erklärbare Gründe dafür, warum Menschen das billige Wasser aus dem Hahn meiden wollen und bereit sind, bis zu hundertmal so viel für „reines" Quellwasser zu zahlen, das direkt an der Quelle entnommen und abgefüllt wurde und damit alle Anklänge an unverdorbenes, originales „lebendiges Wasser", „heilendes Wasser" und so weiter aufweist, die beispielsweise zur römischen Vorstellung „jungfräulicher" Flüsse und zu dem christlichen Konzept von Wasser als Substanz des Geistes führten. Zeitgenössische Darstellungen solcher Produkte bringen diese generativen Vorstellungen sehr deutlich zum Ausdruck, etwa in der Evian-Werbung, in der Babys, Symbole für neues Leben, unter Wasser herumtollen, und in der Volvic-Werbung, die suggeriert, dass sein sprudelndes Mineralwasser dynamische Vulkanenergie enthält.

Schätzungen zufolge wird in wenigen Jahrzehnten ein Drittel der Weltbevölkerung unter ernsthaftem Wassermangel leiden. Die meisten Forschenden sind sich heute einig, dass der Klimawandel diese Probleme verschärfen wird, wenn durch steigende Temperaturen große Wasservorräte in den Gletschern

OBEN Evian-Babys

LINKS Volvics vulkanartiger Wasserausbruch

BEN Gustave Doré, *Die Sintflut,* 1866

OBEN Katsushika Hokusai, *Die große Welle vor Kanagawa,* um 1831, japanischer Farbholzschnitt

abschmelzen. Solche Auswirkungen sind selbst in der feuchtesten Region der Erde spürbar, dem Amazonasgebiet, wo es früher hieß: „In der Trockenheit regnet es jeden Tag. In der Regenzeit regnet es den ganzen Tag." Inzwischen „haben sich die Dinge geändert [...] Roter Staub liegt über Belém [...] aus der Gegend, in der es keinen Regenwald mehr gibt, nichts als Gras, wütende, hungrige Menschen, verbrannte Baumstämme und weiße, unterernährte Rinder."[31]

Dürren und Fluktuationen im Wasser des Amazonasbeckens haben eine große Bedeutung – es liefert etwa ein Fünftel des Süßwassers, das die Ozeane der Welt wieder auffüllt. Und die größere Volatilität in der Bewegung des Wassers um die Welt ist ebenso alarmierend: Der Klimawandel verursacht offenbar nicht nur Dürren, sondern erhöht auch die Variabilität der Niederschlagsmengen und bringt extremere Wetterereignisse. Auf der ganzen Welt kommt es inzwischen immer häufiger zu katastrophalen Überschwemmungen.

„NACH MIR DIE SINTFLUT“

„Sich mitreißen lassen“ kann zwar etwas Positives sein, wenn es um einen begeisternden Film oder schöne Klänge geht, häufiger aber impliziert es einen Kontrollverlust, ein Fortstrudeln vom trockenen Land, das die Grenzen und das nackte Überleben des Ichs bedroht – „und winkte nicht, sondern ertrank“. Als Ludwig XV. die Fluten des Chaos vorhersah, die mit der Revolution im späten 18. Jahrhundert über die französische Gesellschaft hereinbrechen würden, drückte seine Metapher das Grauen aus, das wir alle kennen: von Wasser oder auch von Ereignissen verschluckt zu werden. Selbst eine kleinere Überschwemmung im eigenen Haus kann tief verstörend wirken, weil sie die häusliche Ordnung durcheinanderbringt und Schmutz ins Haus trägt. Doch nichts reicht an den Schrecken vor einem großen Hochwasser heran, das buchstäblich alles mitreißt, was ihm in den Weg kommt. Wenn Flüsse über die Ufer treten, werden ihre Wassermassen als traumatische Brüche im geordneten Lauf des Wassers durch die Welt erlebt.

Solche Erfahrungen kennen die Menschen in New Orleans, Brisbane, Mississippi, im Ahrtal und an anderen Orten, die in den letzten Jahren von Überschwemmungen verwüstet wurden, ebenso wie die zahllosen Menschen in Ländern wie Bangladesch, wo solche Katastrophen sich mit deprimierender

RECHTS Samoisches Fale am Strand

OBEN Hochwasser der Elbe

Regelmäßigkeit wiederholen. Es besteht kein Zweifel daran, dass menschliche Aktivitäten solche Probleme verschärft haben. Die Trockenlegung von Feuchtgebieten an Flüssen und Küsten und das Abholzen von Wäldern für die Landwirtschaft haben die Vegetationsschicht entfernt, die das abfließende Wasser aus Hügelland und Gebirge auffing. Dann ist da noch der undurchlässige Beton, der große Gebiete versiegelt, und die „Kanalisierung“ ehemals mäandernder Flüsse. Buchstäblich über allem steht natürlich die größte Beeinträchtigung des Wassers durch den Menschen: der Klimawandel, der zu unberechenbaren Niederschlagsmustern führt, zu den kräftigen Gewittern, die flussabwärts Sturzfluten verursachen, und zur Verstärkung der seismischen Aktivitäten, die verheerende Tsunamis über das Meer in niedrig gelegene Küstengebiete schicken, die ohne ihre einstigen Wellenbrecher, die abgeholzten Mangroven und die trockengelegten Sümpfe, noch gefährdeter sind.

Die gewaltigen Wellen, die als Tsunamis heranrollen, beißen große Stücke aus dem Leben von Menschen, als hätte der Höllenschlund seine Fesseln abgestreift und sich auf den Weg ans sichere Land gemacht, um alles ins Chaos zu reißen. Menschen, die solche Katastrophen erleben, verlieren das Vertrauen in die Intaktheit der Küste. In Samoa etwa, wo ein Tsunami 2009 eine Reihe von Dörfern mit sich riss, kehren die Überlebenden heute noch nur zögerlich in ihre traditionellen Häuser an der Küste zurück.

Störungen im Strömen des Wassers um die Erde und durch gesellschaftliche und ökologische Systeme manifestieren sich auch in Dürren. Trockene Regionen erleben immer längere Dürreperioden, und der vorhergesagte Temperaturanstieg kann das Leid von Menschen und Nichtmenschen nur vergrößern. Wie Überschwemmungen tragen auch Dürren ein großes symbolisches Gewicht als ultimativer Ausdruck des Verlustes an Lebenskraft, an generativer Kapazität, an Leben selbst. Während die Wüsten sich weiter ausbreiten, verlieren immer mehr Gemeinschaften ihre Lebensgrundlage und sind nicht mehr in der Lage, ihre Lebensweise aufrechtzuerhalten. Die Zahl der Umweltflüchtlinge steigt rasch, und schon jetzt begrüßen nur wenige Länder einen großen Zustrom migrierter Menschen und seine potenziell „verschmutzenden“ und destabilisierenden Auswirkungen auf Gesellschaft und Kultur. Dieser Widerstand kann nur wachsen, wenn Wasser und andere Ressourcen in den Mittelpunkt eines immer intensiveren Konkurrenzkampfs rücken.

Viele Umweltflüchtlinge sind nicht die Opfer direkter entwicklungsbedingter Vertreibung, sondern stehen für eine härtere Realität – die Tatsache, dass ökologische Systeme einfach nicht über endlose Kapazitäten für stetig wachsende menschliche Populationen und intensive Produktionsprozesse verfügen. Ebenso wenig können sie weiter ihre nichtmenschlichen Bewohner versorgen: Lebensraumverlust und zahlreiche Formen der Umweltzerstörung wirken sich massiv auf die Biodiversität aus. In der Erdgeschichte kam es schon mehrmals zum massenhaften Artensterben, aber derzeit sehen wir das erste anthropogene, also durch menschliche Aktivitäten verursachte Massensterben.

Laut IUCN wird „der rasche Verlust von Arten, den wir heute sehen, [...] von Fachleuten auf das 1000- bis 10 000-Fache der ‚Hintergrund-‘ oder erwarteten natürlichen Aussterberate geschätzt“. Und dabei handelt es sich, wird betont, um „eine höchst konservative Schätzung“.[32] Ganz abgesehen von der moralischen Frage, ob die Menschheit das Recht hat, andere Arten auszurotten, erscheint es unklug, so viele Beteiligte aus einem so komplexen System ineinandergreifender Beziehungen zu entfernen. Keine Art – ob Mensch oder nicht – kann den Auswirkungen von Störungen des geordneten Wasserstroms durch planetare Systeme entkommen. James Hansen könnte durchaus recht haben mit seiner Vorhersage von „Stürmen am Horizont“.[33]

FAZIT

WASSERVERBRAUCH

Der Gebrauch von Wasser für Bewässerung, Landwirtschaft und Industriestrom war ein zentraler Faktor für das exponentielle Wachstum menschlicher Populationen. Ähnlich wichtig war es für die Entwicklung von Wirtschaftssystemen, die auf kontinuierliches Wachstum und Expansion in der Nutzung von Wasser, Land und allen anderen Ressourcen angelegt sind. Vielen brachte das materielle Vorteile, doch die weniger Mächtigen und die nichtmenschlichen Lebewesen, die ebenso abhängig vom Wasser sind, zahlten dafür einen immens hohen Preis. Seit vielen Jahrzehnten hält sich die Idee, dass, selbst wenn heute Wohlstand, Gesundheit und Macht ungleich verteilt sind, mit ausreichend Technologie irgendwann der Umweltschaden minimiert werden kann und dass es allen möglich ist, westliche Konsummuster zu emulieren.

Es gibt viele spannende neue Technologien, die eine effizientere Nutzung von Wasser und Ressourcen ermöglichen, und diese sollten wir auch annehmen. Doch die Kombination aus raschem Bevölkerungswachstum und einem nahezu weltweiten Streben nach bestimmten Lebensweisen setzt ein großes Fragezeichen hinter die Fähigkeit selbst der größten technischen Innovationen, langfristig menschliche und ökologische Nachhaltigkeit zu erreichen. Denken wir doch nur einmal für einen Moment daran, wie viel Wasser nötig ist, um etwas herzustellen. In der Mitte der 1990er-Jahre entwickelte der britische Geograf Anthony Allan eine Möglichkeit zu berechnen, wie viel Wasser in Nahrung und materiellen Artefakten steckt (also bei der Herstellung verbraucht wird).[1] In einer Tasse Kaffee stecken rund 140 Liter „virtuelles" Wasser, in 500 Gramm Käse 2500 Liter, in einem Kilogramm Reis 3400 Liter, in einer Jeans 5400 Liter, in einem Auto 50 000 Liter.

In Herstellungsprozessen verbrauchtes Wasser wird so nicht nur zu „virtuellem Wasser", sondern hinterlässt auch räumlich lokalisierte „Wasserfußabdrücke", entsprechend dem inzwischen bekannten CO_2-Fußabdruck.[2] Der „blaue Wasserfußabdruck" gibt an, wie viel Wasser aus der lokalen Umgebung entnommen wurde, und der „graue Wasserfußabdruck" zeigt, wie viel Abwasser dieser Prozess erzeugt. Aufgrund der Ströme durch globale Lieferketten sind diese

RECHTS
Bevölkerungswachstum von 10 000 v. Chr. bis 2050 n. Chr. (Schätzung)

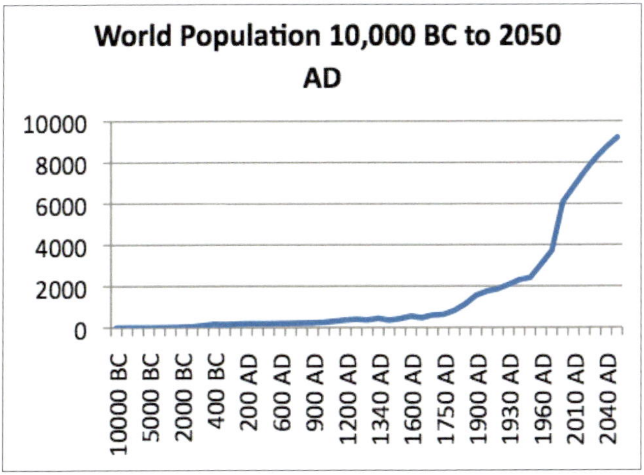

Fußabdrücke extrem ungleich verteilt: Deutschlands blauer Wasserfußabdruck beispielsweise erstreckt sich auf über 200 andere Länder. Und während die Deutschen pro Kopf nur rund 124 Liter Wasser am Tag direkt verbrauchen, „verbrauchen sie weitere 5288 Liter pro Tag, wenn man den Wasserbedarf für die Herstellung ihrer Konsumgüter wie Nahrung, Kleidung und anderer Alltagswaren mit einrechnet".[3]

Das bedeutet, dass etwa eine Billion Tonnen virtuelles Wasser jedes Jahr international gehandelt wird, oft aus ärmeren trockenen Regionen in wohlhabendere Industriegesellschaften in gemäßigten Klimazonen.[4] Neben teuren Wasserfußabdrücken wird für diesen Wasserverbrauch nicht nur auf Flüsse mit zunehmend schlechter Wasserqualität zurückgegriffen, sondern auch auf begrenzte Grundwasserschichten und das Schmelzwasser schrumpfender Gletscher. Das führte zwangsläufig zu steigender Konkurrenz um die Kontrolle über Wasser und zu erbitterten Kämpfen darum.

GRENZÜBERSCHREITENDE STRÖME

Wasserstreit kann mit alarmierender Geschwindigkeit immer wieder ausbrechen, wann immer Menschen darum konkurrieren, den Wasserstrom zu lenken. Historische Archive über den River Stour in Dorset beispielsweise berichten von alten Streitigkeiten zwischen Wassermühlenbesitzern, in denen die Müller flussabwärts sich beschwerten, dass ihre Nachbarn flussaufwärts Vereinbarun-

LINKS
Umlenkungsgraben der Cubbie Station in Queensland (Australien)

gen über freigegebene Wassermengen nicht eingehalten hätten und sie damit ihrer Lebensgrundlage beraubten. Und sosehr sich die Welt auch verändert, manche Dinge bleiben eben immer gleich – um noch ein Beispiel vom anderen Ende der Welt anzuführen: In einem jüngeren Fall im australischen Queensland hätte der Streit (wenn wohl auch nicht die Sprache) aus den Dorset-Archiven entnommen sein können. Zwischen den Bundesstaaten Queensland und New South Wales gab es immer schon lebhafte Rivalitäten, doch mit dem Bau des gigantischen privaten Bewässerungssystems Cubbie Station entlang des Culgoa River haben sich diese noch verschärft. Die Regierung von Queensland erteilte der Station die Erlaubnis, etwa ein Viertel des Wassers aufzustauen, das sonst über die Staatsgrenze in den Darling River geflossen wäre und damit in eins der am stärksten geschädigten Abflussgebiete der Welt, das Murray-Darling-Becken. Diese umfangreiche Umlenkung von Wasser für den Anbau von Baumwolle (einer höchst profitablen, aber ungeheuer durstigen Nutzpflanze) führte zu massiven Protesten von landwirtschaftlichen Betrieben flussabwärts, die sich ihrer Kontingente beraubt sahen, und von Umweltschutzorganisationen, die sich verzweifelt gegen die Zerstörung einiger der letzten noch bestehenden Feuchtgebiete des Beckens wehrten, die überlebenswichtige Rastplätze für Zugvögel sind.[5]

Selbst ohne zwischenstaatliche Rivalitäten trägt die Zusammenarbeit nicht immer Früchte, wie die erbitterten „Wasserkriege“ in Kalifornien zeigen, die im späten 19. Jahrhundert mit Wasserstreitigkeiten in Los Angeles begannen und seither regelmäßig in Kämpfen um Wasserrechte gipfeln. Potenziell noch unberechenbarer sind die Konflikte, die entstehen, wenn Nationen grenzüberschreitende Flüsse aufstauen.

Zwar kann Zusammenarbeit beim Wassermanagement kooperative Beziehungen innerhalb nationaler Grenzen und darüber hinaus fördern – wie die Bemühungen um ein Abkommen zur Erhaltung von Durchflussmengen im Colorado gezeigt haben –, doch je knapper das Wasser ist, desto schwieriger wird es, solche positiven Ergebnisse zu erzielen.[6] Die Geschichte des Wassers ist voll von Beispielen: Man denke nur an die Konflikte zwischen der Türkei, Syrien und dem Irak um Euphrat und Tigris, zwischen Ägypten, Äthiopien und dem Sudan um den Nil und zwischen Israel, Libanon, Jordanien und den Palästinensischen Autonomiegebieten um den Jordan.

Auch die Kontrolle über Meeresressourcen ist seit Langem eine Quelle des Streits. Die Kabeljaukriege zwischen Großbritannien und Island in den 1950er- und 1970er-Jahren lebten vor nicht langer Zeit mit einem Streit um Makrelen wieder auf. Das Gerangel um Fangquoten belastet regelmäßig die Beziehungen zwischen Großbritannien und Spanien, Australien und Japan sowie den USA und Russland. Der Aralsee sorgt weiterhin für Spannungen zwischen Kasachstan, Usbekistan, Turkmenistan, Tadschikistan und Kirgisistan.

Die Liste der Auseinandersetzungen um Wasser wird noch länger, wenn man die zahlreichen bewaffneten Konflikte hinzuzählt, in denen Zugang zu Süßwasser wenn auch nicht das zentrale Thema, so doch ein wesentliches Element war. Manche argumentieren, dass der Begriff „Wasserknappheit" nur eine Darstellung ist, die Einhegung und Kontrolle erleichtern soll. Es könnte ein Körnchen Wahrheit in dieser Anschuldigung stecken, doch selbst eine wahrgenommene Knappheit hat gesellschaftliche und politische Auswirkungen – und die Beweislage deutet darauf hin, dass Süßwasserressourcen in der Tat endlich sind und schwinden. Wassermangel verstärkt sofort die Unberechenbarkeit politischer Beziehungen:

> „Pakistan [...] ist eine Atommacht [...] Bald wird ein Drittel seines Wassers aus dem Indus – Pakistans wichtigster Wasserquelle – durch verlorenes Gletscherschmelzwasser fehlen. Gleichzeitig wächst seine Bevölkerung gerade um 30 Prozent. In den nächsten 15 Jahren können wir uns also ein Land vorstellen, das bereits mit dem Rücken zur Wand steht und mit einem Verlust von 30 Prozent seines Wassers fertigwerden muss, während seine Bevölkerung um 30 Prozent zunimmt. Die USA verstehen das Problem und stimmten im Dezember einer Finanzspritze von 7,5 Milliarden Dollar für

> Pakistan zu. Die Hälfte davon geht in Wasserprojekte – in Speicherung, Bewässerung und Wasserkraft."[7]

Panikmache ist wohl nicht hilfreich, aber es gibt eindeutig eine Verbindung zwischen einem nicht zu beherrschenden Ausmaß an Wassermangel und politischer Instabilität. Die UNESCO schlug einmal vor, den fehlenden Zugang zu Wasser als maßgeblichen Anreiz für Terrorismus anzuerkennen. Vandana Shiva reagierte darauf mit einer scharfen Erwiderung, in der sie Terroristen als diejenigen beschreibt,

> „die sich in Aufsichtsräten und hinter den Freihandelsvorschriften der WTO, des North American Free Trade Agreement (NAFTA) und der Free Trade Area oft he Americas (FTAA) verstecken. Sie ducken sich hinter den Privatisierungsauflagen der IMF und der Weltbank. Mit seiner Weigerung, das Kyoto-Protokoll zu unterschreiben, begeht Präsident Bush einen Akt des Umweltterrorismus an zahlreichen Gemeinschaften, die durch die Erderwärmung sehr wohl vom Angesicht der Erde verschwinden könnten. In Seattle wurde die WTO von Demonstrierenden als ‚World Terrorist Organization' betitelt, weil ihre Vorschriften Millionen das Recht auf eine nachhaltige Lebensgrundlage verweigern."[8]

Implizit stellt sie in ihrem Kommentar die zentrale Frage, wem Wasser überhaupt gehört, wer die Verantwortung für den Umgang damit schultert und wer mit den gesellschaftlichen und ökologischen Folgen seiner Entscheidungen umgeht.

GEGENSTRÖMUNGEN

Im späteren 20. Jahrhundert führten intensivierte Wassernutzung, ein wachsendes Bewusstwerden über die Endlichkeit der Süßwasserressourcen und das zunehmende neoliberale Bekenntnis zur Regulierung durch den Markt zu einer raschen Privatisierung von Wasserressourcen.[9] Das war keineswegs etwas Neues: Über die Jahrhunderte gab es immer wieder Versuche, Wasser in unter-

OBEN Fischerboot in Valdez, Alaska Bay

schiedlichen Formen privater Eigentümerschaft einzugrenzen, und diese Versuche wurden konzertierter, als große Investitionen in die Infrastruktur nötig wurden, um Wasserversorgungssysteme zu modernisieren. Doch im Großen und Ganzen setzte sich das Bekenntnis zu Wasser als „Gemeingut" durch, teilweise durch demokratische Ideale zementiert, die anerkannten, dass das Recht zu wählen und der Besitz von zentralen Ressourcen eng zusammenhingen.

In den 1980er-Jahren jedoch ließen stark rechtsgerichtete Regierungen in den USA und in Großbritannien in dem Bestreben, die Kontrolle an den Markt zu delegieren, neoliberalen Ideologien und entsprechenden Praktiken freien Lauf. 1989 privatisierte Margaret Thatcher trotz heftiger Proteste die britische Wasser-

OBEN Wasserrechte-Transparent, Mexiko-Stadt, 2006

wirtschaft und ließ nur eine schwache Regulierungsbehörde im Amt, das Office of Water Services (OFWAT), um die öffentlichen Interessen zu schützen. Ein großer Teil der Branche wurde schnell an internationale Konzerne verkauft, die Wasserpreise stiegen in fünf Jahren um 60 Prozent, und dank fehlender Investitionen in die Infrastruktur erlebt das Land lange „Dürreperioden" selbst nach monatelangem Regen. Die Zahl der Wasserdiebe – Menschen, die illegal Versorgungsrohre anzapfen wie in der viktorianischen Ära – steigt wieder, teilweise angespornt durch grummelnden Ärger über die Abschottung eines „Gemeinguts".

Einige Populationen waren weniger fügsam, insbesondere dann, wenn versucht wurde, eine Wasserprivatisierung in Gebieten einzuführen, wo viele Menschen schon in extremer Armut leben. Nicht nur wird politische Macht von oben durch die Kontrolle über Wasser ermöglicht, sondern genauso können auch Gegenbewegungen sich selbst ermächtigen, indem sie sich weigern, ihre Kontrolle über gemeinsame Ressourcen aufzugeben. Im Jahr 2000 vereitelten gewaltsame öffentliche Proteste im sogenannten „Wasserkrieg" in Bolivien erfolgreich Versuche (auf Geheiß der Weltbank), die Kontrolle über das Wasser an den amerikanischen Konzern Bechtel zu verkaufen und den Menschen sogar zu verbieten, Regenwasser zu sammeln.

Solche öffentlichen Aufschreie trieben die Privatisierung in den Untergrund, die sich nun in „Wasserhandel"-Systemen manifestiert, wie sie etwa John Howards Regierung in Australien ins Leben rief. Auch wenn das P-Wort nie fällt, privatisieren solche Systeme effektiv das Wasser, indem sie die jährlichen Wasserzuteilungen der Regierung an Landwirtschaftsbetriebe und Industrie in Privatvermögen verwandeln, die an einer „virtuellen" Wasserbörse gehandelt werden können. In vielen Fällen haben um ihre Existenz ringende landwirtschaftliche Betriebe, da sie nicht mit den großen Wasserkäufern wie Cubbie Station mithalten konnten, aufgegeben und ihre Wasserrechte verkauft, sodass sie sie nicht mehr für das eigene Land nutzen konnten.

Da Wasser auf diese Weise zum immer wertvolleren „Kapital" wird, wird die Privatisierung von rechtsgerichteten Regierungen und der transnationalen Wasserindustrie immer weiter vorangetrieben. 2012 beispielsweise versuchten Maori-Gruppen vergeblich, Neuseelands konservative Regierung davon abzuhalten, Anteile an Wasserunternehmen und die dazugehörigen Wasserrechte abzustoßen.

Meist werden solche Anteile von internationalen Konzernen aufgekauft, die weder dort ansässig sind, wo das Wasser herkommt (oder die Energie und/oder Güter, die damit produziert werden), noch irgendwelche Interessen mit den Menschen teilen, die dort leben. Zum Beispiel wurde die berüchtigte Cubbie Station Ende 2012 an ein chinesisches Konglomerat verkauft. Der Nutzen des Wassers, etwa das virtuelle Wasser in Exportgütern, wird damit – um es mit Karl Polanyi zu sagen – „entbettet".[10] Wie Wasserdampf in die internationalen Geldströme von Unternehmensnetzen aufsteigend, sammelt sich dieser flüssige „Wohlstand" in den geschützten Sammelbecken der Steueroasen, während die gesellschaftlichen und ökologischen Kosten zurückgelassen werden.

Seit Jahrzehnten hören wir nun wiederholt (von den Nutznießenden), dass die Regulierung über den Markt besser sei als die durch die Regierung. Doch wettbewerbsorientierte Regimes bringen Sieger und Verlierer hervor, und die Zahl der Letzteren wächst. Worin besteht die Rolle einer Regierung? Wenn sie Wasserbesitz und -management an nicht rechenschaftspflichtige Eliten delegiert, tritt sie damit nicht von ihren grundlegendsten demokratischen und moralischen Verantwortlichkeiten zurück? Wenn dem Staat die lebenswichtigste aller Ressourcen nicht mehr gehört, wem gehört dann der Staat?

LINKS Verschmutztes Wasser, der Detritus des Profits

Solche Fragen ziehen sich wie eine Unterströmung durch die aktuellen Diskurse um das Wasser. Die letzten beiden Jahrzehnte haben eine zunehmend lautstarke Kritik an den ökologischen und gesellschaftlichen Auswirkungen von Staudämmen und Entwicklung gebracht sowie den Aufstieg von Widerstandsbewegungen gegen kurzfristig wettbewerbsorientierte Ideologien. Eins der Ergebnisse des Wasserkriegs in Bolivien war ein Schlaglicht auf wachsende Allianzen zwischen regionalen Widerstandsbewegungen und globalen aktivistischen Netzwerken, die sich auf ähnliche Weise mit demokratischen Rechten und dem öffentlichen Besitz und die öffentliche Kontrolle von Wasser beschäftigen.[11] Vereint in der brodelnden Unzufriedenheit mit dem Status quo und einem gemeinsamen Bekenntnis zu Gleichheitsprinzipien, fließen diese Gegenbewegungen allmählich zusammen und zwingen den Mainstream in eine andere, nachhaltigere Richtung.

Wie sähe eine nachhaltige Beziehung zu Wasser aus? Petri Juuti und seine Kollegen meinen, dass „einige der Grundprinzipien nachhaltiger und umsetzbarer Wasserwirtschaft und -versorgung [...] über 2000 Jahre alt [sind]. Die Anwendung dieser Prinzipien könnte viele der aktuellen Probleme verhindern und lösen."[12] Jedoch, so fügen sie hinzu, fördert eine Kombination aus schlechter Leitung, Gegenwind von mächtigen Gruppen und den Schwierigkeiten, die wir alle damit haben, unmittelbaren Vorteilen zu widerstehen, eher das kurzfristige als das langfristige Denken, was, wie James Hansen unterstreicht, „den Sturm" unseren Enkeln überlässt.[13] Gibt es einen Weg nach vorn, der nicht ins Wasserchaos führt?

WASSER IN UTOPIA

Ein Blick auf nachhaltigere Lebensweisen im Laufe der Zeit zeigt, dass sie trotz ihrer großen kulturellen Verschiedenheit alle auf die eine oder andere Weise eine Reihe von wechselseitigen Kontrollen eingerichtet hatten, um menschliche Aktivitäten innerhalb bestimmter Grenzen zu halten, und Ressourcen nur in einem Ausmaß nutzten, das zu der Fähigkeit ihrer materiellen Umgebung passte, sich wieder zu erneuern. Die reale Tatsache, dass es echte materielle Beschränkungen dieser Fähigkeiten gibt, unterstreicht den inneren Widerspruch in Vorstellungen von nachhaltiger Entwicklung. Ivan Illich findet deutliche Worte: „‚Nachhaltig' ist die Sprache von Gleichgewicht und Grenzen; ‚Entwicklung' ist die Sprache der Erwartung von mehr."[14] Jüngste Wirtschaftskrisen haben die Kritik an Wachstumsabhängigkeit und ständiger Expansion wieder aufleben lassen, die sich für eine stationäre oder sogar „Degrowth"-Wirtschaft einsetzt. Auch wenn aktuelle Diskurse sie oft als alleinstehende Objekte präsentieren, sind Ökonomien nicht vom Rest des Lebens getrennt: Sie stellen gleichzeitig gesellschaftliche und politische Ordnungen dar und vor allem Beziehungen zu unserer materiellen Umgebung und anderen Arten.

Wir müssen uns also fragen, welche gesellschaftlichen und materiellen Praktiken Nachhaltigkeit möglich machen – und die Antwort liegt wahrscheinlich nicht in ungehindertem (und oft wettbewerbsorientiertem) Bevölkerungswachstum. Wir müssen uns fragen, welche politischen Regelungen zur nachhaltigen Nutzung von Ressourcen führen, und wahrscheinlich – angesichts der derzeitigen Lage – gehört zur Antwort nicht, Menschen und Umwelt einem Wettbewerbsmarkt auszuliefern. Die Geschichte der menschlichen Beziehung zum Wasser deutet darauf hin, dass Nachhaltigkeit sich eher auf Kooperation gründet als auf Wettbewerb und auf Formen der Lenkung, die die Interessen aller menschlichen und nichtmenschlichen Arten berücksichtigen. Wenn das unmöglich klingt, sollten wir uns das Zitat ins Gedächtnis rufen, das oft Derek Bok zugeschrieben wird: „Wer denkt, Bildung sei teuer, soll es mal mit Dummheit versuchen." Wer denkt, Nachhaltigkeit sei schwer zu erreichen, soll mal versuchen, ohne sie zu leben.

Es gibt einige aufkeimende Bemühungen, eine globale Zusammenarbeit im Wassermanagement ins Leben zu rufen: In internationalen Deklarationen wurde das Menschenrecht auf Zugang zu Wasser hochgehalten, und es gibt erste Forderungen, grundlegende Wasserrechte auf Nichtmenschen auszuweiten.[15] Es gab mehrere (schwache) Versuche, Abkommen aufzusetzen, um die Probleme des Klimawandels anzugehen. Der Weltwasserbericht von 2003 hielt zwar am Trugbild der Entwicklung fest, erkannte aber an, dass das Hauptproblem die Notwendigkeit einer besseren Kontrolle ist. Es werden Rufe nach einem weltweiten Abkommen laut, das die Prinzipien der EU-Wasserrichtlinie widerspiegelt, in der die kollektive Verantwortung aller Länder im Hinblick auf das Wasser zur Sprache gebracht wird. Die größte Hoffnung der Menschheit besteht darin, dass neben dem Druck, der von den „Graswurzeln" nach oben steigt, diese Bemühungen von oben nach unten irgendwann einen Kipppunkt erreichen, an dem sie echten Wandel anstoßen.

GRUNDLEGENDE VERÄNDERUNGEN

Zum ersten Mal in der Geschichte der Menschheit sind weltumspannende Konversationen möglich, die sich nicht über Jahrzehnte entwickeln müssen. Die Fluidität der Kommunikation ist heute so groß, dass Ideen und Konzepte um den Erdball wirbeln wie der altgriechische *Okeanos.* Das eröffnet neue Möglichkeiten für menschliche Gesellschaften, miteinander über das zu reden, was wirklich von Bedeutung ist. Doch eine Verschiebung hin zu nachhaltigeren Lebensweisen braucht mehr als eine utilitaristische Debatte über Wirtschaftspolitik oder eine Anstrengung, ein praktisches Problem mithilfe neuer Technologien und effizienterem Management zu lösen. Es erfordert eine Bewegung weg von der reduktiven Sicht auf Wasser als simples H_2O oder als rein wirtschaftliches Kapital. Und dafür brauchen wir unsere Herzen ebenso wie unsere Köpfe, die Künste genau wie die Wissenschaften.

Viele Widerstandsbewegungen werden von Leidenschaft getragen, nicht nur für gesellschaftliche und ökologische Gerechtigkeit, sondern für Beschäftigungsweisen mit Wasser, die die Sinne und den Geist mit einbeziehen. Ein einfaches Bewusstsein für die Freuden von Bade- und Trinkwasser reicht aus, um uns an die zentrale Stellung zu erinnern, die es in unserem Leben einnimmt. Und die

OBEN Marcello Mastroianni und Anita Ekberg im Trevibrunnen in Rom, aus Federico Fellinis Film *La Dolce Vita,* 1960

Künste und Geisteswissenschaften schaffen weiterhin Zugänge zu Arten des Denkens und Fühlens, die die utilitaristische Effizienz ausschließt. Denken wir nur daran, wie Musik heraufbeschwört, wie sich Wasser anfühlt und klingt, was es bedeutet. „Ol' Man River" erinnert uns daran, wie der unaufhaltsame Strom der Zeit „einfach weiterfließt", und Yirumas „The River Flows in You" ist ein Lobgesang auf die Verbindungen, die Menschen eint. Wir haben Filme, die in Wasserbildern von überschäumender Liebe, von Verlusten und Enden und Neuanfängen erzählen. Es gibt eine Fülle an Bildwelten in den visuellen Künsten, die die Bedeutungen von Wasser rühmen: Turners große Meeresansichten, die die numinose Schönheit des Ozeans heraufbeschwören und sein potenzielles Chaos, oder Liebesszenen, die sich auf (oder in) Springbrunnen und Wellen konzentrieren.

TITANIC
The World's
Largest Liner
WHITE STAR
LINE
TITANIC
SOUTHAMPTON ~ NEW YORK
VIA CHERBOURG & QUEENSTOWN

LINKS Werbung für die RMS *Titanic*

Jede kulturelle Gruppe hat ihre eigene Musik und ihre eigenen Bilder, ihre eigenen Arten, sich wieder mit dem Wasser zu verbinden. Es ist von entscheidender Bedeutung, sie in Ehren zu halten und nicht in gedankenlosem, gefühllosem Streben nach materiellem Nutzen zu vergessen. Gesellschaften müssen sich daran erinnern, was Wasser wirklich ist, was es bedeutet und *warum* es wichtig ist. Wasser ist die fluide Verbindung zwischen der Menschheit und jedem Lebewesen auf der Erde: Wir alle sind das „Hypermeer". Der Wasserstrom, der unsere eigenen Körper belebt, zirkuliert und belebt gleichzeitig all die winzigen und riesigen materiellen Systeme, von denen wir und andere Arten abhängen. Wasser ist die schöpferische, generative See, die das Leben entstehen lässt und erhält, und lebendiges Wasser ist die Substanz der Identität, des Geistes, des Ichs. Wir müssen die utilitaristische Reduktion durch eine Wertschätzung des Wasser als Zeit, Gedächtnis, Bewegung und Fluss ersetzen; als die Gezeiten des Herzens und der Fantasie; als den Stoff echten „Wohlstands", der die Kombination aus Gesundheit und Ganzheit ist. Über ein Gefühl der fluiden Zugehörigkeit macht Wasser das miteinander verbundene und kollaborative Denken und Handeln möglich.

OBEN Im Lauterbrunnental donnert das Schmelzwasser des Jungfraugletschers eindrücklich die Trümmelbachfälle hinab.

ENDNOTEN

Hinweis: Wenn keine deutsche Quelle angegeben ist, handelt es sich bei Zitaten um von der Übersetzerin dieses Buches angefertigte Übersetzungen des englischen Texts.

Einführung

1 Barbara Johnston, Lisa Hiwasaki, Irene Klaver, Amy Ramos-Castillo und Veronica Strang (Hrsg.), *Water, Cultural Diversity and Global Environmental Change: Emerging Trends, Sustainable Futures?* (Paris, 2012); Kirsten Hastrup und Frida Hastrup (Hrsg.), *Waterworlds: Anthropology in Fluid Environments* (Oxford und New York, 2014); John Wagner (Hrsg.), *The Social Life of Water in a Time of Crisis* (Oxford und New York, 2013); Marnie Leybourne und Andrea Gaynor (Hrsg.), *Water: Histories, Cultures, Ecologies* (Nedlands, wa, 2006).

1 Wasser auf der Erde

1 Lowells Begeisterung für Kanäle bauende Marsianer war vielleicht töricht, aber seine Bestrebungen, einen Blick ins All zu werfen, legten das Fundament für Bemühungen, die (14 Jahre nach seinem Tod) zur Entdeckung von Pluto führten.

2 Persönliche Kommunikation mit dem Autor.

3 Humberto Campin und Michael Drake, „Sources of Terrestrial and Martian Water", in *Water and Life: The Unique Properties of H_2O,* Hrsg. Ruth Lynden-Bell et al. (Boca Raton, FL, und London, 2010), S. 221–34.

4 Stefan Helmreich, *Alien ocean: Anthropological Voyages in Microbial Seas* (Berkeley, CA, 2009).

5 Philip Ball, „Water as a Biomolecule", in *Water and Life,* Hrsg. Lynden-Bell et al., S. 49.

6 Poul Astrup et al., *Salt and Water in Culture and Medicine* (Kopenhagen, 1993), S. 58.

7 Die spezifische Wärme ist die Wärmekapazität pro Masseeinheit eines Materials.

8 Michael Allaby, *Atmosphere: A Scientific History of Air, Weather and Climate* (New York, 2009).

9 Asit Biswas, *History of Hydrology* (Amsterdam und London, 1970), S. 111.

10 Jianing Chen und Yang Yang, *The World of Chinese Myths* (Beijing, 1995), S. 13; Francis Huxley, *The Dragon: Nature of Spirits, Spirit of Nature* (London, 1979), S. 6.

11 Marek Zvelebil, „Innovating Hunter-Gatherers: The Mesolithic in the Baltic", in *Mesolithic Europe,* Hrsg. Geoff Bailey und Penny Spikins (Cambridge, 2008), S. 18–59.

12 Jens Soentgen, „An Essay on Dew", in *People at the Well: Kinds, Usages and Meanings of Water in a Global Perspective,* Hrsg. Hans Peter Hahn et al. (Frankfurt und New York, 2012), S. 79–96. Soentgen verweist auch auf Cyrano de Bergeracs Verwendung von magischem Tau in seinen Versuchen, zum Mond zu fliegen, und auf die beliebten Experimente, in denen Tau in leere Eierschalen geleitet wurde in der Hoffnung, das würde sie zum Fliegen bringen.

13 Paracelsus beobachtete die größere Dichte oder „Schwere" von Salzwasser und nahm an, dass es sich um den Rückstand nach dem Aufstieg des leichteren Süßwassers handelte.

14 Peter Dear, *The Intelligibility of Nature: How Science Makes Sense of the World* (Chicago, IL, 2006).

15 Das Konzept der Atome war schon seit der Atomtheorie des griechischen Philosophen Demokrit um 420 v. Chr. bekannt, aber Dalton erbrachte als Erster experimentelle Beweise für die Theorie.

16 Allaby, *Atmosphere.* Allaby merkt an, dass Celsius ursprünglich eine Skala vorgeschlagen hatte, auf der 0° der Siedepunkt und 100° der Gefrierpunkt war, doch später wurde dies umgedreht, möglicherweise durch seinen Schüler Martin Strömer oder durch den Botaniker Carl von Linné.

17 Laurent Pfister et al. (Hrsg.), *Leonardo Da Vinci's Water Theory: on the origin and Fate of Water* (Wallingford, 2009).

18 Veronica Strang, „Life Down Under: Water and Identity in an Aboriginal Cultural Landscape", *Goldsmiths College Anthropology Research Papers,* 7 (2002).

19 Andrew Goudie, „Hydrology", in *The Dictionary of Physical Geography,* Hrsg. David Thomas und Andrew Goudie (Oxford, 2000), S. 256–7.

20 Jamie Linton, „Is the Hydrologic Cycle Sustainable? A Historical-Geographical Critique of a Modern Concept", www.tandfonline.com/doi/abs/10.1080/00045600802046619, 29. Oktober 2024. Diese Überzeugungen sind teilweise auf das altgriechische Konzept des *logos* zurückzuführen: die Vorstellung, dass die Welt nach einem definierenden Ordnungsprinzip organisiert ist, das von den Stoikern als Hinweis darauf gedeutet wurde, dass es ein göttliches belebendes Prinzip gab. Wie Thomas McLeish betont, ist für die alten Griechen wie die heutigen Forschenden „die Erschaffung von Materie selbst [...] keine so problematische oder unplausible Idee wie die Erschaffung *geordneter* Materie (oder alternativ Informationen enthaltender Materie)". Thomas McLeish, „Water and Information", in *Water and Life: The Unique Properties of H_2O,* Hrsg. Ruth Lynden-Bell et al. (Boca Raton, FL, und London, 2010), S. 203–12.

21 Yi-Fu Tuan, *The Hydrologic Cycle and the Wisdom of God: A Theme in Geoteleology* (Toronto, 1968).

22 Walter Langbein und William Hoyt, *Water Facts for the Nation's Future* (New York, 1959).

23 David Maidment (Hrsg.), *Handbook of Hydrology* (New York, 1993), S. 13.

24 Samuel Taylor Coleridge, „The Rime of the Ancient Mariner", in *Wordsworth and Coleridge: Lyrical Ballads, 1798,* Hrsg. Harold Littledale (London, 1911).

25 Astrup et al., *Salt and Water,* S. 59.

26 Vladimir Vernadsky, *The Biosphere* (Santa Fe, NM, 1986).

27 James Lovelock, *Unsere Erde wird überleben: Gaia – eine optimistische Ökologie,* Übers. von Constanze Ifantis-Hemm (München, 1982). Wie viele Forschende des 17. Jahrhunderts glaubte auch Kepler, dass die Bewegungen der Planeten und alle materiellen Vorgänge auf der Erde Beweise für den Plan Gottes und im „natürlichen Licht" der menschlichen Vernunft erkennbar seien.

28 Lynn Margulis und Mark McMenamin (Hrsg.), *Concepts of Symbiogenesis: Historical and Critical Study of the Research of Russian Botanists* (New Haven, CT, 1992); Dianna McMenamin und Mark McMenamin, *Hypersea* (New York, 1994).

2 Lebendiges Wasser

1 Dieser Wert variiert mit Alter und Gesundheit. Wir „welken“ im wahrsten Sinne des Wortes, wenn wir älter werden: Babys bestehen zu 75 bis 80 Prozent aus Wasser, ältere Menschen zu 50 bis 60 Prozent. Da Fett weniger Wasser enthält, kann Übergewicht den Anteil auf 45 Prozent verringern.

2 Joseph Bastien, „Qollahuaya-Andean Body Concepts: A Topographical-hydraulic Model of Physiology“, *American Anthropologist,* LXXXVII/3 (1985), S. 595–611.

3 Mary Douglas, *Implicit Meanings: Essays in Anthropology* (London, 1975).

4 Patrick L. Barry und Tony Phillip, „Water on the Space Station“, http://spaceflight.nasa.gov, abgerufen am 23. September 2014.

5 Indira Gandhi, *Eternal India* (New Delhi, 1980).

6 Veronica Strang, „Water and Indigenous Religion: Aboriginal Australia“, in *The Idea of Water,* Hrsg. Terje Tvedt und Terje Oestigaard (London, 2009), S. 343–77.

7 Veronica Strang, „Representing Water: Visual Anthropology and Divergent Trajectories in Human-environmental Relations“, *Anuário Antropológico* (2012), S. 213–42.

8 Dennis Slifer, *The Serpent and the Sacred Fire: Fertility Images in Southwest Rock Art* (Santa Fe, NM, 2000); Hamilton Tyler, *Pueblo Gods and Myths* (Norman, OK, 1964); Ake Hultkrantz, *Native Religions of North America: The Power of Visions and Fertility* (San Francisco, CA, 1987); Diana Ferguson, *Tales of the Plumed Serpent: Aztec, Inca and Mayan Myths* (London, 2000).

9 Terje Oestigaard, *Water and World Religions: An Introduction* (Bergen, 2005); Sylvie Shaw und Andrew Francis (Hrsg.), *Deep Blue: Critical Reflections on Nature, Religion and Water* (London, 2008).

10 Das gilt auch für die verschiedenen Arten von Regenbogenschlangen in Australien und woanders, die oft als Mutter Regenbogen oder Vater Regenbogen beschrieben werden oder mit Attributen beider Geschlechter ausgestattet sind.

11 Edward Schafer, *The Divine Woman: Dragon Ladies and Rain Maidens in T 'ang Literature* (Berkeley, CA, und London, 1973), S. 14.

12 Norman Austin, *Meaning and Being in Myth* (London, 1989).

13 *Pyramidentexte* Nr. 1146, zitiert in Karen Joines, *Serpent Symbolism in the old Testament: A Linguistic, Archaeological and Literary Study* (New Jersey, 1938), S. 22.

14 Koran 31. 30.

15 Carol Hillenbrand, „Gardens Between Which Rivers Flow“, in *Rivers of Paradise: Water in Islamic Art and Culture,* Hrsg. Sheila Blair, Sheila und Jonathan Bloom (New Haven, CT, and London, 2009), S. 27.

16 John Day, *God's Conflict with the Dragon and the Sea: Echoes of a Canaanite Myth in the old Testament* (Cambridge and London, 1985), S. 49.

17 Mündliche Überlieferungen der Aborigines sind teilweise sehr langlebig. Mutmaßungen zufolge beziehen sich die im Norden Australiens allgegenwärtigen Sintflutgeschichten auf einen Anstieg der Meeresspiegel vor 10 000 Jahren, der viele Aborigines-Gruppen ins Binnenland trieb und den Golf von Carpentaria schuf.

18 Psalm 77:17–21 (et 16–20). Siehe auch Psalm 104:26, Hiob 7:12, Hiob 38:8 und Jeremia 5:22; dort wird beschrieben, wie Gott die wilde See bei der Schöpfung hinter Türen und Gitter sperrt und Sand als ewige Barriere davorsetzt. Day, *God 's Conflict with the Dragon,* S. 49.

19 Henry Drewal (Hrsg.), *Sacred Waters: Arts for Mami Wata and other Water Divinities in Africa and the Diaspora* (Los Angeles, 2008).

20 Mama Zogbé, Chief Hounon-Amengansie, *Mami Wata, Africa's Ancient God/Goddess Revealed: Reclaiming the Ancient History and Sacred Heritage of the Voudoun Religion* (Martinez, GA, n.d.).

21 Claudia Müller-Ebeling, Christian Rätsch und Surendra Shahi, *Schamanismus und Tantra in Nepal* (Aarau, 2000); Omacanda Hāndā, *Naga Cults and Traditions in the Western Himalaya* (New Delhi, 2004).

22 Colin Richards, „Henges and Water: Towards an Elemental Understanding of Monumentality and Landscape in Late Neolithic Britain", *Journal of Material Culture,* I/3 (1996), S. 313–35.

23 Hillenbrand, „Gardens Between Which Rivers Flow", S. 35.

24 Veronica Strang, *The Meaning of Water* (Oxford und New York, 2004).

25 Text: Matthias Claudius, „Wir pflügen und wir streuen", in *Paul Erdmanns Fest* (1782); Musik: Johann Schultz (1800).

26 Persönliche Kommunikation mit dem Autor.

27 Tim Ingold, „Earth, Sky, Wind, and Weather", in *Wind, Life, Health: Anthropological and Historical Perspectives,* Hrsg. Chris Low und Elizabeth Hsu, *Journal of the Royal Anthropological Institute,* Sonderheft (2007).

28 Roger Watt, *Understanding Vision* (London,1991).

3 Imaginäres Wasser

1 Claude Lévi-Strauss, *Das wilde Denken,* Übers. von Hans Naumann (Frankfurt, 1968).

2 Mary Douglas, *Ritual, Tabu und Körpersymbolik,* Übers. von Eberhard Bubser (Frankfurt, 1974). Diese Arbeit steht auch im Zusammenhang mit Durkheims wohlbekanntem Argument, dass menschliche Gesellschaften ihre eigenen politischen und gesellschaftlichen Ordnungen als Spiegel für die Definition ihrer religiösen Kosmologien nutzen. Voltaire soll etwas Ähnliches gesagt haben: Wenn Gott den Menschen nach Seinem Bild erschaffen habe, habe die Menschheit sich dafür mehr als revanchiert; Émile Durkheim, *Die elementaren Formen des religiösen Lebens* [1912], Übers. von Ludwig Schmidts (Frankfurt, 1981); Robin Horton und Ruth Finnegan (Hrsg.), *Modes of Thought: Essays on Thinking in Western and Non-Western Societies* (London, 1973); Veronica Strang, „Familiar Forms: Homologues, Culture and Gender in Northern Australia", *Journal of the Royal Anthropological Society,* V/1 (1999), S. 75–95.

3 Steven Pinker, *Wie das Denken im Kopf entsteht,* Übers. von Martina Wiese und Sebastian Vogel (München, 1998); George Lakoff und Mark Johnson, *Leben in Metaphern,* Übers. von Astrid Hildenbrand (Heidelberg, 1998).

4 Ivan Illich, *H_2O und die Wasser des Vergessens,* Übers. von Regina Carstensen und Wolfgang Mattern (Hamburg, 1987).
5 Veronica Strang, „Common Senses: Water, Sensory Experience and the Generation of Meaning", *Journal of Material Culture,* X/1 (2005), S. 93–121.
6 Illich, *H_2O;* Strang, *The Meaning of Water.*
7 Thomas McLeish, „Water and Information", in *Water and Life: The Unique Properties of H_2O, Hrsg.* Ruth Lynden-Bell et al. (Boca Raton, FL, und London, 2010), S. 203–12.
8 Paul Langley, „Cause, Condition, Cure: Liquidity in the Global Financial Crisis, 2007–8", in *Insights,* III/17 (2010), S. 2.
9 Karl Wittfogel, *Die orientalische Despotie: Eine vergleichende Untersuchung totaler Macht,* Übers. von Frits Kool (Köln und Berlin, 1962).
10 John Donahue und Barbara Johnston, Hrsg., *Water,Culture and Power: Local Struggles in a Global Context* (Washington, DC, 1998).
11 Franz Krause, „Rapids on the ‚Stream of Life': The Significance of Water Movement on the Kemi River", *Worldviews,* Sonderausgabe, XVII/2 (2013), S. 174–85.
12 John Milton, *Das verlorene Paradies,* Übers. von Samuel Gottlieb Bürde (Halle, 1910).
13 J. Ross Goforth (Musik und Text), „Lethe's Water", in *A Ghost Considers Euchre,* erschienen am 2. Juni 2010.
14 Joan Metge, *The Maoris of New Zealand* (London, 1967), S. 37.
15 Jane Hirschfield (Übers.), „Uvavnuk", unbetiteltes Schamanenlied, in *Women in Praise of the Sacred* (New York, 1994).
16 Rodney Giblett, *Postmodern Wetlands: Culture, History, Ecology* (Edinburgh, 1996), S. XI.
17 John Bunyan, *Eines Christen Reise Nach der Seeligen Ewigkeit,* Übers. von Matthäus Seidel (Hamburg, 1685).
18 J. G. Ballard, *Karneval der Alligatoren,* Übers. von Inge Wiskott (Hamburg und Düsseldorf, 1970).
19 Sigmund Freud, *Neue Folge der Vorlesungen zur Einführung der Psychoanalyse, Vorlesung XXXI* (Wien, 1933).
20 David Gilmore, *Monsters: Evil Beings, Mythical Beasts, and All Manner of Imaginary Terrors* (Philadelphia, PA, 2003), S. 1, 16.
21 Stevie Smith, „Not Waving But Drowning", in *Collected Poems* [1957] (New York, 1983), S. 393–6.
22 William Wordsworth, „Sonnet on Seeing Miss Helen Maria Williams Weep at a Tale of Distress," in *The Poetical Works* [1787] (Chicago, IL, 1916).

4 Wasserreisen

1 Stephen Oppenheimer, *Out of Africa's Eden: The Peopling of the World* (Johannesburg, 2003), www.bradshawfoundation.com/journey, abgerufen am 29. September 2014.
2 Émile Durkheim, *Die elementaren Formen des religiösen Lebens,* Übers. von Ludwig Schmidts (Frankfurt, 1981)
3 Gaston Bachelard, *L'Eau et les rêves. Essai sur l'imagination de la matière* (Paris, 1942).

4 Anne Solomon, „The Myth of Ritual Origins? Ethnography, Mythology and Interpretation of San Rock Art.“ *The South African Archaeological Bulletin* 52, no. 165 (1997): 3–13. https://doi.org/10.2307/3888971.

5 George Silberbauer, *Hunter and Habitat in the Central Kalahari Desert* (Cambridge, 1981), S. 113.

6 A. Whyte et al., „Human Evolution in Polynesia“, in *Human Biology,* 77 (2005), S. 157–77.

7 S. Sheppard et al., *Lapita: Ancestors and Descendants* (Auckland, 2009).

8 Auch wenn gemeinhin angenommen wird, dass Flurbereinigungen erst mit der europäischen Besiedlung erfolgten, waren rund 46 Prozent der neuseeländischen Wälder schon vor der Ankunft der Briten für den Gartenbau abgeholzt worden.

9 Jared Diamond, „The Worst Mistake in the History of the Human Race“, *Discover Magazine,* S. 64.

10 Jan Christie, „Water and Rice in Early Java and Bali“, in *A World of Water: Rain, Rivers and Seas in Southeast Asian Histories,* Hrsg. Peter Boomgaard, (Leiden, 2007), S. 235.

11 Karl Butzer, *Early Hydraulic Civilisation in Egypt: A Study in Cultural Ecology* (Chicago, IL, und London, 1976), S. 19.

12 William Albright, *From the Stone Age to Christianity: Monotheism and the Historical Process* (Baltimore, MD, 1946).

13 Ibid., S. 134.

14 Elliot Smith, *The Evolution of the Dragon* (London, New York und Manchester, 1919), S. 29.

15 Jesaja 48:1, 4. Mose 24:7.

16 Koran 36. 6.

17 Francis Huxley, *The Dragon: Nature of Spirit, Spirit of Nature* (London, 1979), S. 8.

18 Ibid., S. 9.

19 Marinus de Visser, *The Dragon in China and Japan* (Wiesbaden, 1969), S. 38.

20 Edward Schafer, *The Divine Woman: Dragon Ladies and Rain Maidens in T 'ang Literature* (Berkeley, CA, und London, 1973).

21 Aylward Blackman, „The Significance of Incense and Libations in Funerary and Temple Ritual“, in *Zeitschrift für Ägyptische Sprache und Altertumskunde,* 50 (Leipzig, 1912), S. 69.

22 Butzer, *Early Hydraulic Civilisation in Egypt.*

23 Smith, *The Evolution of the Dragon,* S. viii.

24 Asit Biswas, *History of Hydrology* (Amsterdam und London, 1970), S. 2–3.

25 Florence Padovani, „The Chinese Way of Harnessing Rivers: the Yangtze River“, in *A History of Water* 1: *Water Control and River Biographies,* Hrsg. Terje Tvedt und Eva Jakobsson (London, 2006), S. 12–43.

26 John Pierpont, „Deploring the Reign of Intemperance“, in *Cold Water Melodies, and Washingtonian Songster* (Boston, MA, 1842).

27 Bernard Batto, *Slaying the Dragon: Mythmaking in the Biblical Tradition* (Louisville, KT, 1992), S. 48.

28 Samantha Riches, *St George: Hero, Martyr and Myth* (Stroud, 2000).

29 Anton Szandor LaVey, *Die satanische Bibel,* Übers. von Ingrid Meyer (Berlin, 1999).

5 Umleitungen

1 Veronica Strang, *Gardening the World: Agency, Identity and the ownership of Water* (Oxford and New York, 2009); Veronica Strang, „Going Against the Flow: The Biopolitics of Dams and Diversions", *Worldviews,* Sonderausgabe, XVII/2 (2013), S. 161–73.
2 Wasser bot auch schützende Festungsgräben und Invasions- oder Fluchtwege. Um 1200 v. Chr. gab es zum Beispiel in Jerusalem geheime Wassertunnel, „Sinnor" genannt, durch die man die Stadt ungesehen verlassen konnte. Im *2. Buch der Chronik* wird beschrieben, wie König Hiskia einen „auf der Ostseite der Stadt Davids" anlegt, zitiert Asit Biswas, *History of Hydrology* (Amsterdam und London, 1970), S. 22.
3 George Smith, *History of Sennacherib* (London, 1878).
4 Keilschrift-Übersetzung vom *Bellino-Zylinder,* Zeilen 39–42, in Smith, *History of Sennacherib,* S. 142.
5 Aus der *Bavian-Inschrift,* Zeilen 6–17, in Smith, *History of Sennacherib,* S. 157–60.
6 Das Große Bad in Mohenjo-Daro wurde als erstes öffentliches Wasserreservoir der Antike beschrieben. Zwei Treppen führten in das große, mit Bitumen ausgekleidete Lehmziegelbecken, das möglicherweise für rituelle Waschungen oder religiöse Zeremonien verwendet wurde.
7 Larry Mays, *Ancient Water Technologies* (Dordrecht, 2010).
8 Koran, 34. 15–16.
9 Sextus Julius Frontinus, *Frontinus: Kriegslisten,* Übers. von Gerhard Bendz (Berlin, 1963) und *Wasser für Rom,* Übers. von Manfred Hainzmann (Zürich u. a., 1979).
10 Mark Busse und Veronica Strang, *Ownership and Appropriation* (Oxford und New York, 2010).
11 Hazel Dodge, „Greater than the Pyramids: The Water Supply of Ancient Rome", in *Ancient Rome: The Archaeology of the Eternal City,* Hrsg. J. C. Coulston und Heather Dodge (Oxford, 2000), S. 166.
12 Jamie Linton, *What is Water?: The History of a Modern Abstraction* (Vancouver, 2010).
13 Robert Friedel, *A Culture of Improvement* (Cambridge, MA, und London, 2007).
14 Heather Sutherland, „Geography as Destiny? The Role of Water in Southeast Asian History", in *A World of Water: Rain, Rivers and Seas in Southeast Asian Histories,* Hrsg. Peter Boomgaard (Leiden, 2007), S. 27–70.
15 Kenneth Hall, „Economic History of Southeast Asia", in *The Cambridge History of Southeast Asia: From Early Times to ca. 1500,* Hrsg. Nicholas Tarling (Cambridge, 1999), S. 185–275.
16 Terje Oestigaard, „The Topography of Holy Water in England after the Reformation", in *Perceptions of Water in Britain from Early Modern Times to the Present: An Introduction,* Hrsg. Karen Lykke Syse und Terje Oestigaard (Bergen, 2010), S. 24.
17 Samuel Baker, *Written on the Water: British Romanticism and the Maritime Empire of Culture* (Charlottesville, va, 2010), S. 1.
18 Olaus Magnus, *Historien der mittnachtigen* Länder, Übers. von Heinrich Petri (Basel, 1562).
19 Herman Melville, *Moby Dick oder Der weisse Wal,* Übers. von Wilhelm Strüver (Berlin, 1927).
20 Witi Ihimaera, *Whale Rider* (London, 2005); gleichnamiger Film, Regie: Niki Caro (2002).

6 Die Macht der Wirtschaft

1 David Pietz, „Controlling the Waters in Twentieth-century China: The Nationalist State and the Huai River“, in *A History of Water* 1: *Water Control and River Biographies,* Hrsg. Terje Tvedt und Eva Jakobsson (London, 2006), S. 92–119.
2 Ibid., S. 93.
3 Ahmed Kamal, „Living with Water: Bangladesh since Ancient Times“, in *A History of Water,* Hrsg. Tvedt und Jakobsson, S. 197.
4 Roberta Magnusson, „Water and Wastes in Medieval London“, in *A History of Water,* Hrsg. Tvedt und Jakobsson, S. 299–313.
5 Dolly Jorgenson, „What to Do with Waste“, in *Living Cities: An Anthology in Urban Environmental History,* Hrsg. Sven Lilja und Mattias Legner (Stockholm, 2012), S. 46.
6 Majorie Honeybourne, „The Fleet and its Neighborhood in Early and Medieval Times“, in *Transactions of the London and Middlesex Archaeological Society,* XIX (1947), S. 51–2.
7 Konzepte der Wasseraufbereitung gab es schon lange: altgriechische, sanskritische und ägyptische Aufzeichnungen beschreiben das Filtern von Wasser durch Sand, Kohle und Asche, um Sedimente zurückzuhalten und die Wassertrübheit zu verringern, doch in London wurde bis zum frühen 19. Jahrhundert in dieser Hinsicht wenig unternommen.
8 Die Bewässerung von Uferwiesen verhinderte ihr Einfrieren und verlängerte damit die Periode, in der das Gras wuchs.
9 Terje Tvedt und Eva Jakobsson, „Introduction“, in *A History of Water,* Hrsg. Tvedt und Jakobsson, S. xi.
10 Richard White, *The organic Machine: The Remaking of the Columbia River* (New York, 1995), S. 3.
11 Ibid., S. 30.
12 Ivan Illich, „The Shadow Our Future Throws“, *New Perspectives Quarterly,* XVI/2 (1999), S. 18.
13 Pierre Bourdieu, *Die feinen Unterschiede: Kritik der gesellschaftlichen Urteilskraft,* Übers. von Bernd Schwibs und Achim Rousser (Frankfurt, 1982).
14 Jean-Pierre Goubert, *La conquête de l'eau: l'avènement de la santé à l'âge industriel* (Paris, 1985).
15 Hugh Barty-King, *Water – The Book: An Illustrated History of Water Supply and Wastewater in the United Kingdom* (London, 1992), S. 135.
16 Ivan Illich, *H_2O und die Wasser des Vergessens,* Übers. von Regina Carstensen und Wolfgang Mattern (Hamburg, 1987).
17 Ibid.
18 Hippokrates (464–372 v. Chr.) hatte Bäder zur Heilung von Krankheiten eingesetzt und auf der Insel Kos sogar ein Heilbad (Asklepeion) errichtet. Auch die Römer hatten ein großes Interesse an Badekuren und verbreiteten diese Konzepte und Praktiken in ganz Europa.
19 Poul Astrup, Peter Bie und Hans Engell, *Salt and Water in Culture and Medicine* (Copenhagen, 1993).
20 Susan Anderson, „The Pleasure of Taking the Waters“, in *Water, Leisure and Culture: European Historical Perspectives,* Hrsg. Susan Anderson und Bruce Tabb (Oxford und New York, 2002), S. 1–2.

21 Karen Lykke Syse, „Ideas of Leisure, Pleasure and the River in Early Modern England“, in *Perceptions of Water in Britain from Early Modern Times to the Present: An Introduction,* Hrsg. Karen Lykke Syse und Terje Oestigaard (Bergen, 2010), S. 36.
22 Veronica Strang, „Sustaining Tourism in Far North Queensland“, in *People and Tourism in Fragile Environments,* Hrsg. Martin Price (London, 1996), S. 51–67.

7 Wasserbau für Utopia

1 Yves-Marie Allain und Janine Christiany, *L'Art des Jardins en Europe* (Paris, 2006).
2 Marilyn Symmes, *Fountains, Splash and Spectacle: Water and Design from the Renaissance to the Present* (London, 1998).
3 Toru Dutt, „Le Fond de la mer“, in *A Sheaf Gleaned in French Fields,* 3. Aufl. (1880).
4 Tatsächlich entspringt der Stour etwas weiter hügelaufwärts in mehreren Quellen um St. Peter's Pump, aber diese Quellströme kommen in einem Wasserlauf zusammen, der in das Becken geleitet wird.
5 Ivan Illich, „The Shadow Our Future Throws“, *New Perspectives Quarterly,* xvi/2 (1999).
6 Edward Said, *Kultur und Imperialismus,* Übers. von Hans-Horst Henschen (Frankfurt, 1994).
7 Donald Worster, „Water in the Age of Imperialism and Beyond“, in *A History of Water* 3: *A World of Water,* Hrsg. Terje Tvedt und Terje Oestigaard (London, 2006), S. 5–17; Yi-Fu Tuan, *The Hydrologic Cycle and the Wisdom of God: A Theme in Geoteleology* (Toronto, 1968).
8 Marc Reisner, *Cadillac Desert: The American West and its Disappearing Water* (London, 2001); Donald Worster, *Rivers of Empire: Water, Aridity and the Growth of the American West* (Oxford und New York, 1992).
9 Ernestine Hill, *Water into Gold: The Taming of the Mighty Murray River* [1937] (London und Sydney, 1965), S. v.
10 Jamie Linton, *What is Water?: The History of a Modern Abstraction* (Vancouver, 2010), S. 83.
11 Mattias Tagseth, „The Mfongo Irrigation Systems on the Slopes of Mt Kilimanjaro, Tanzania“, in *A History of Water* 1: *Water Control and River Biographies,* Hrsg. Terje Tvedt und Eva Jakobsson (London, 2006), S. 489.
12 Ibid., S. 493.
13 Ibid., S. 489.
14 Jamie Linton, „Is the Hydrologic Cycle Sustainable? A Historical-Geographical Critique of a Modern Concept“, www.tandfonline.com/doi/abs/10.1080/00045600802046619, 29. Oktober 2024.
15 Der Hoover Dam wurde zwischen 1931 und 1936 gebaut.
16 David Pietz, „Controlling the Waters in Twentieth-century China“, in *A History of Water* 1: *Water Control and River Biographies,* Hrsg. T. Tvedt und Eva Jakobsson (London, 2006), S. 92–119.
17 Bettina Weiz, „Water Makes the Difference: The Case of South India“, in *People at the Well: Kinds, Usages and Meanings of Water in a Global Perspective,* Hrsg. Hans Peter Hahn et al. (Frankfurt und New York 2012), S. 190–216.

18 Roger Deakin, *Logbuch eines Schwimmers,* Übers. von Andreas Jandl und Frank Sievers (Berlin, 2015).
19 Kenneth Grahame, *Christoph, Großmaul und Cornelius. Die Abenteuer einer fidelen Gesellschaft am Fluß, im Wald und anderswo,* Übers. von Else Steup (Stuttgart, 1929). Hier spricht die Wasserratte zum Maulwurf.
20 David Reason, „Reflections of Wilderness and Pike Lake Pond", in *Personal, Societal, and Ecological Values of Wilderness: Congress and Proceedings on Research, Management, and Allocation,* 1. Forest Service Proceedings (Fort Collins, co, 1998), S. 86.
21 Kay Milton (Hrsg.), *Environmentalism: The View from Anthropology* (London, 1993).
22 Maria Cruz-Torres, *Lives of Dust and Water: An Anthropology of Change and Resistance in Northwestern Mexico* (Tucson, AZ, 2004); Benjamin Orlove, *Lines in the Water: Nature and Culture at Lake Titicaca* (Berkeley, CA, 2002).

8 Wasser unter Druck

1 Jacques Leslie, *Deep Water: The Struggle over Dams, Displaced People and the Environment* (London, 2006).
2 Benjamin Chao, „Anthropogenic Impact on Global Geodynamics Due to Water Impoundment in Major Reservoirs", *Geophysical Research,* 22 (1995), S. 3533–6.
3 Michael Cernea, „Risks, Safeguards, and Reconstruction: A Model for Population Displacement and Resettlement", in *Applied Anthropology: Domains of Application,* Hrsg. Satish Kedia und John van Willigen (Westport, ct, 2000), S. 19.
4 Yan Tan et al., „Rural Women, Displacement and the Three Gorges Project", *Development and Change,* XXXVI/4 (2001), S. 711–34.
5 The World Commission on Dams Framework. www.irn.org/files/en/way-forward/world-commission-dams/world-commission-dams-framework-brief-introduction.html
6 Ibid.
7 Gerardo Halsema und Linden Vincent, „Of Flumes, Modules and Barrels: The Failure of Irrigation Institutions and Technologies to Achieve Equitable Water Control in the Indus Basin", in *A History of Water* 1: *Water Control and River Biographies,* Hrsg. Terje Tvedt und Eva Jakobsson (London, 2006), S. 55–91.
8 Stephen Lansing, *Priests and Programmers: Technologies of Power in the Engineered Landscape of Bali* (Princeton, nj, and Oxford, 1991).
9 Sanjeev Khagram, *Dams and Development: Transnational Struggles for Water and Power* (Ithaca, NY, 2004).
10 Friends of River Narmada, „A Brief Introduction to the Narmada Issue", http://www.europe-solidaire.org/spip.php?article17756, abgerufen am 30. Oktober 2024.
11 Arundhati Roy, *Das Ende der Illusion: Politische Einmischungen,* Übers. von Wolfram Ströle (München, 1999).
12 Robert Foster, „The Work of the New Economy: Consumers, Brands, and Value Creation", *Cultural Anthropology,* XXII/4 (2007), S. 707–73. Siehe auch www.righttowater.info.
13 Petri Juuti, Tapio Katko und Heikki Vuorinen (Hrsg.), *Environmental History of Water: Global View of Community Water Supply and Sanitation* (London, 2007).

14 Julian Caldecott, *Water: The Causes, Costs and Future of a Global Crisis* (London, 2008).
15 Katarzynya Negacz, Žiga Malek, Arjen de Vos und Pier Vellinga (2022): „Saline Soils Worldwide: identifying the most promising areas for saline agriculture" in *Journal of Arid Environments,* Vol. 203 (2022): 104775
16 2012 brachte der Environmental Defense Fund die USA und Mexiko dazu, ein binationales Abkommen zu unterzeichnen, zusammen an der Wiederherstellung des Colorado zu arbeiten und dafür zu sorgen, dass regelmäßige Wasserströme die Feuchtgebiete in seinem Mündungsgebiet erreichen; siehe Marc Reisner, *Cadillac Desert: The American West and its Disappearing Water* (London, 2001).
17 Forschende, darunter eine IUCN-Arbeitsgruppe, warnten vor den Auswirkungen von Neonikotinoiden auf Bienenpopulationen. Diese sind nicht nur für die Bienen selbst eine Gefahr: Weltweit bestäuben Bienen rund drei Viertel der Nahrungspflanzen – etwa ein Drittel der Nahrungsmittel, auf die Menschen angewiesen sind.
18 „Fast 200.000 Tonnen Agrarpestizide werden in der Europäischen Union jährlich ausgebracht". Simon Meissner, „Virtual Water and Water Footprints", in *People at the Well: Kinds, Usages and Meanings of Water in a Global Perspective,* Hrsg. Hans Peter Hahn et al. (Frankfurt, 2012), S. 44–64 (S. 59).
19 International Union for the Conservation of Nature, „Species Extinction – The Facts", https://springbrooknaturecenter.org/DocumentCenter/View/749/Species-Extinction-05-2007-PDF, abgerufen am 30. Oktober 2024.
20 Ibid.
21 Kimberley Patton, *The Sea Can Wash Away All Evils: Modern Marine Pollution and the Ancient Cathartic ocean* (New York, 2007).
22 Shirley Roburn, „Sounding a Sea-change: Acoustic Ecology and Arctic Ocean Governance", in *Thinking With Water,* Hrsg. Celia Chen, Janine Macleod und Astrida Neimanis (Montreal, 2013), S. 106–28.
23 Stuart Kirsch, „Mining and Environmental Human Rights in Papua New Guinea", in *Transnational Corporations and Human Rights,* Hrsg. Jedrzej Frynas und Scott Pegg (Houndmills and New York, 2003), S. 115–36.
24 Chris Ballard and Glenn Banks, „Resource Wars: The Anthropology of Mining", *Annual Review of Anthropology,* XXXII (2003), S. 287–313.
25 Patricial Sippel, „Keeping Running Water Clean: Mining and Pollution in Pre-industrial Japan", in *A History of Water,* Hrsg. Tvedt und Jakobsson, S. 427.
26 Ibid., S. 419.
27 Joanna Burger und Michael Gochfeld, „Metals: Ocean Ecosystems and Human Health", in *oceans and Human Health: Risks and Remedies from the Seas,* Hrsg. Patrick Walsh et al. (London, 2008), S. 145.
28 „In Deutschland werden jährlich mehr als 30 000 Tonnen Arzneimittel mit über 3000 Wirkstoffen […] Mehr als 100 verschiedene pharmazeutische Substanzen wurden bisher in Gewässern nachgewiesen"; Meissner, „Virtual Water and Water Footprints", S. 59.
29 Danielle McDonald and Daniel Riemer, „The Fate of Pharmaceuticals and Personal Care Products in the Environment", in *Oceans and Human Health,* S. 161–79.

30 Per Magnus, Jouni Jaakkola, Anders Skrondal, Jan Alexander, Georg Becher, Truls Krogh und Erik Dybing, „Water Chlorination and Birth Defects“, *Epidemiology,* X/5 (1999), S. 513–17.
31 Hilbert, Klaus, „Water in Amazonia“, in *People at the Well: Kinds, Usages and Meanings of Water in a Global Perspective,* Hrsg. Hans Peter Hahn, Karlheinz Cless und Jens Soentgen (Frankfurt und New York, 2012), S. 236, 243.
32 International Union for the Conservation of Nature, „Species Extinction – The Facts“.
33 James Hansen, *Storms of My Grandchildren* (New York, 2009).

Fazit

1 Anthony Allan, *Virtual Water: Tackling the Threat to our Planet's Most Precious Resource* (London, 2011).
2 Simon Meissner, „Virtual Water and Water Footprints“, in *People at the Well: Kinds, Usages and Meanings of Water in a Global Perspective,* Hrsg. Hans Peter Hahn et al. (Frankfurt, 2012), S. 44–64.
3 Ibid., S. 54.
4 Julian Caldecott, *Water: The Causes, Costs and Future of a Global Crisis* (London, 2008).
5 Veronica Strang, „Dam Nation: Cubbie Station and the Waters of the Darling“, in *The Social Life of Water in a Time of Crisis,* Hrsg. John Wagner (Oxford and New York, 2013), S. 36–60.
6 Ines Dombrowsky, *Conflict, Cooperation and Institutions in International Water Management: An Economic Analysis* (Cheltenham und Northampton, MA, 2007).
7 Stephen Solomon, *Water: The Epic Struggle for Wealth, Power, and Civilization* (New York, 2010).
8 Vandana Shiva, *Der Kampf um das blaue Gold: Ursachen und Folgen der Wasserverknappung,* Übers. von Bodo Schulze (Zürich, 2003).
9 Karen Bakker, *An Uncooperative Commodity: Privatising Water in England and Wales* (Oxford, 2003).
10 Karl Polanyi, *The Great Transformation: Politische und ökonomische Ursprünge von Gesellschaften und Wirtschaftssystemen,* Übers. von Heinrich Jelinek (Wien, 1977).
11 Robert Albro, „‚The Water is Ours, Carajo!‘: Deep Citizenship in Bolivia's Water War“, in *Social Movements: An Anthropological Reader,* Hrsg. June Nash (London, 2005), S. 249–68.
12 Petri Juuti, Tapio Katko and Heikki Vuorinen (Hrsg.), *Environmental History of Water: Global View of Community Water Supply and Sanitation* (London, 2007).
13 James Hansen, *Storms of My Grandchildren* (New York, 2009).
14 Ivan Illich, „The Shadow Our Future Throws“, *New Perspectives Quarterly,* XVI/2 (1999).
15 Die UN-Resolution 64/292 (2010) erkannte das Menschenrecht auf Wasser und sanitäre Versorgung an.

AUSGEWÄHLTE LITERATUR

Allaby, Michael, *Atmosphere: A Scientific History of Air, Weather and Climate* (New York, 2009)

Anderson, Susan und Bruce Tabb (Hrsg.), *Water, Leisure and Culture: European Historical Perspectives* (Oxford und New York, 2002)

Astrup, Poul, Peter Bie und Hans Engell, *Salt and Water in Culture and Medicine* (Kopenhagen, 1993)

Austin, Norman, *Meaning and Being in Myth* (London, 1989)

Bachelard, Gaston, *L'Eau et les rêves. Essai sur l'imagination de la matière* (Paris, 1942)

Baker, Samuel, *Written on the Water: British Romanticism and the Maritime Empire of Culture* (Charlottesville, VA, 2010)

Bakker, Karen, *An Uncooperative Commodity: Privatising Water in England and Wales* (Oxford, 2003)

Ballard, J. G., *The Drowned World* [1962] (New York, 2012)

Barty-King, Hugh, *Water - The Book: An Illustrated History of Water Supply and Wastewater in the United Kingdom* (London, 1992)

Biswas, Asit, *History of Hydrology* (Amsterdam und London, 1970)

Boomgaard, Peter (Hrsg.), *A World of Water: Rain, Rivers and Seas in Southeast Asian Histories* (Leiden, 2007)

Busse, Mark und Veronica Strang (Hrsg.), *Ownership and Appropriation* (Oxford und New York, 2010)

Butzer, Karl, *Early Hydraulic Civilisation in Egypt: A Study in Cultural Ecology* (Chicago, il, and London, 1976)

Caldecott, Julian, *Water: The Causes, Costs and Future of a Global Crisis* (London, 2008)

Chen, Celia, Janine Macleod und Astrida Neimanis (Hrsg.), *Thinking with Water* (Montreal, 2013)

Chen, Jianing, and Yang Yang, *The World of Chinese Myths* (Beijing, 1995)

Cruz-Torres, Maria, *Lives of Dust and Water: An Anthropology of Change and Resistance in Northwestern Mexico* (Tucson, AZ, 2004)

Deakin, Roger, *Logbuch eines Schwimmers,* Übers. von Andreas Jandl und Frank Sievers (Berlin, 2015)

Dear, Peter, *The Intelligibility of Nature: How Science Makes Sense of the World* (Chicago, IL, 2006)

Donahue, John und Barbara Johnston (Hrsg.), *Water, Culture and Power: Local Struggles in a Global Context* (Washington, DC, 1998)

Douglas, Mary, *Implicit Meanings: Essays in Anthropology* (London, 1975)

Ferguson, Diana, *Tales of the Plumed Serpent: Aztec, Inca and Mayan Myths* (London, 2000)

Giblett, Rodney, *Postmodern Wetlands: Culture, History, Ecology* (Edinburgh, 1996)

Goubert, Jean-Pierre, *La conquête de l'eau: l'avènement de la santé à l'âge industriel* (Paris, 1985)

Hahn, Hans Peter, Karlheinz Cless und Jens Soentgen (Hrsg.), *People at the Well: Kinds, Usages and Meanings of Water in a Global Perspective* (Frankfurt und New York, 2012)

Hastrup, Kirsten, und Frida Hastrup (Hrsg.), *Waterworlds: Anthropology in Fluid Environments* (Oxford und New York, 2014)

Helmreich, Stefan, *Alien ocean: Anthropological Voyages in Microbial Seas* (Berkeley, CA, 2009)

Hill, Ernestine, *Water into Gold: The Taming of the Mighty Murray River* [1937] (London und Sydney, 1965)

Huxley, Francis, *The Dragon: Nature of Spirit, Spirit of Nature* (London, 1979)

Illich, Ivan, *H_2O und die Wasser des Vergessens,* Übers. von Regina Carstensen und Wolfgang Mattern (Hamburg, 1987)

Illich, Ivan, „The Shadow Our Future Throws“, *New Perspectives Quarterly,* XVI/2 (1999), S. 14–18

Johnston, Barbara, Lisa Hiwasaki, Irene Klaver, Amy Ramos-Castillo und Veronica Strang (Hrsg.), *Water, Cultural Diversity and Global Environmental Change: Emerging Trends, Sustainable Futures?* (Paris, 2012)

Juuti, Petri, Tapio Katko und Heikki Vuorinen (Hrsg.), *Environmental History of Water: Global View of Community Water Supply and Sanitation* (London, 2007)

Khagram, Sanjeev, *Dams and Development: Transnational Struggles for Water and Power* (Ithaca, NY, 2004)

Krause, Franz, und Veronica Strang (Hrsg.), „Living Water: The Powers and Politics of a Vital Substance“, *Worldviews,* special issue, XVII/2 (2013)

Lakoff, George, und Mark Johnson, *Leben in Metaphern,* Übers. von Astrid Hildenbrand (Heidelberg, 1998)

Lansing, Stephen, *Priests and Programmers: Technologies of Power in the Engineered Landscape of Bali* (Princeton, NJ, and Oxford, 1991)

Leslie, Jacques, *Deep Water: The Struggle over Dams, Displaced People and the Environment* (London, 2006)

Leybourne, Marnie, und Andrea Gaynor (Hrsg.), *Water: Histories, Cultures, Ecologies* (Nedlands, WA, 2006)

Linton, Jamie, *What is Water?: The History of a Modern Abstraction* (Vancouver, 2010)

Lovelock, James, *Unsere Erde wird überleben: Gaia – eine optimistische Ökologie,* Übers. von Constanze Ifantis-Hemm (München, 1982)

Lykke Syse, Karen, und Terje Oestigaard (Hrsg.), *Perceptions of Water in Britain from Early Modern Times to the Present: An Introduction* (Bergen, 2010)

Lynden-Bell, Ruth, et al. (Hrsg.), *Water and Life: The Unique Properties of H_2O* (Boca Raton, FL, und London, 2010)

McMenamin, Dianna, und Mark McMenamin, *Hypersea* (New York, 1994)

Maidment, David (Hrsg.), *Handbook of Hydrology* (New York, 1993)

Margulis, Lynn, und Mark McMenamin (Hrsg.), *Concepts of Symbiogenesis: Historical and Critical Study of the Research of Russian Botanists* (New Haven, CT, 1992)

Mays, Larry, *Ancient Water Technologies* (Dordrecht, 2010)

Oestigaard, Terje, *Water and World Religions: An Introduction* (Bergen, 2005)

Oppenheimer, Stephen, *Out of Africa's Eden: The Peopling of the World* (Johannesburg, 2003)

Orlove, Benjamin, *Lines in the Water: Nature and Culture at Lake Titicaca* (Berkeley, CA, 2002)
Patton, Kimberley, *The Sea Can Wash Away All Evils: Modern Marine Pollution and the Ancient Cathartic Ocean* (New York, 2007)
Pfister, Laurent, Hubert Savenije und Fabrizio Fenicia, *Leonardo Da Vinci's Water Theory: on the Origin and Fate of Water* (Wallingford, 2009)
Pinker, Steven, *Wie das Denken im Kopf entsteht,* Übers. von Martina Wiese und Sebastian Vogel (München, 1998)
Reisner, Marc, *Cadillac Desert: The American West and Its Disappearing Water* (London, 2001)
Schafer, Edward, *The Divine Woman: Dragon Ladies and Rain Maidens in T 'ang Literature* (Berkeley, CA, und London, 1973)
Shaw, Sylvie und Andrew Francis (Hrsg.), *Deep Blue: Critical Reflections on Nature, Religion and Water* (London, 2008)
Solomon, Stephen, *Water: The Epic Struggle for Wealth, Power, and Civilization* (New York, 2010)
Strang, Veronica, „Life Down Under: Water and Identity in an Aboriginal Cultural Landscape", in *Goldsmiths College Anthropology Research Papers, 7* (2002)
Strang, Veronica, *The Meaning of Water* (Oxford and New York, 2004)
Strang, Veronica, *Gardening the World: Agency, Identity and the Ownership of Water* (Oxford und New York, 2009)
Symmes, Marilyn, *Fountains, Splash and Spectacle: Water and Design from the Renaissance to the Present* (London, 1998)
Tuan, Yi-Fu, *The Hydrologic Cycle and the Wisdom of God: A Theme in Geoteleology* (Toronto, 1968)
Tvedt, Terje und Eva Jakobsson (Hrsg.), *A History of Water* 1: *Water Control and River Biographies* (London, 2006)
Tvedt, Terje und Terje Oestigaard (Hrsg.), *The Idea of Water* (London, 2009)
Vernadsky, Vladimir, *The Biosphere* (Santa Fe, NM, 1986)
Wagner, John (Hrsg.), *The Social Life of Water in a Time of Crisis* (Oxford und New York, 2013)
Walsh, Patrick, Sharon Smith, Lora Fleming, Helena Solo-Gabriele und William Gerwick (Hrsg.), *Oceans and Human Health: Risks and Remedies from the Seas* (London, 2008)
White, Richard, *The organic Machine: The Remaking of the Columbia River* (New York, 1995)
Wittfogel, Karl, *Die orientalische Despotie: Eine vergleichende Untersuchung totaler Macht,* Übers. von Frits Kool (Köln und Berlin, 1962)

ORGANISATIONEN UND WEBSEITEN

Bund für Umwelt und Naturschutz Deutschland e.V. (BUND) – Flüsse & Gewässer
www.bund.net/fluesse-gewaesser

NABU (Naturschutzbund Deutschland) e. V.
Flüsse und Bäche: www.nabu.de/natur-und-landschaft/fluesse/index.html
Meere: www.nabu.de/natur-und-landschaft/meere/index.html
Moore: www.nabu.de/natur-und-landschaft/moore/index.html
Nordsee Life: https://nordsee-life.nabu.de/de

Umweltbundesamt, Deutschland – Allgemeine Informationen zum Thema Wasser, Trinkwasser und Gewässerschutz
www.umweltbundesamt.de/themen/wasser

Bundesamt für Umwelt BAFU, Schweiz – Informationen zum Thema Wasser
www.bafu.admin.ch/bafu/de/home/themen/wasser.html

Bundesministerium für Land- und Forstwirtschaft, Regionen und Wasserwirtschaft, Österreich
https://info.bml.gv.at/themen/wasser/wasser-oesterreich.html

Wasser-DE – Informationen zur Wasserwirtschaft in Deutschland
https://www.wasser-de.de

Wasserblick – Nationales Berichtsportal „Wasser" der deutschen Bundesanstalt für Gewässerkunde mit ausgewählten öffentlich zugänglichen Inhalten
www.wasserblick.net

Aqua Viva – Gewässerschutzorganisation in der Schweiz
www.aquaviva.ch

Umweltschutzorganisation VSR-Gewässerschutz e.V.
https://vsr-gewaesserschutz.de

Handbuch Wald und Wasser
www.waldwissen.net/de/lebensraum-wald/naturschutz/gewaesser/handbuch-wald-wasser

Umweltdachverband Österreich
www.umweltdachverband.at/themen/wasser/gewaesserschutz

Europäische Umweltagentur (EUA) – Wasser- und Meeresumwelt
www.eea.europa.eu/de/themes/water

Conservation International
www.conservation.org

European Centre for River Restoration
www.restorerivers.eu

Grassroots International
https://grassrootsonline.org/learning_hub/water-rights-whats-wrong/

Greenpeace
Deutschland: www.greenpeace.de
Schweiz: www.greenpeace.ch
Österreich: www.greenpeace.at
International: www.greenpeace.org/international/en

International Network of Basin Organizations
www.inbo-news.org

International Panel on Climate Change (Weltklimarat)
www.ipcc.ch

International Programme on the State of the Ocean
www.stateoftheocean.org

International Union for Conservation of Nature
www.iucn.org

International Water Association
www.iwahq.org

International Water History Association
www.iwha.net

Vereinte Nationen – International Decade for Action, „Water for Sustainable Development", 2018–2028
www.un.org/sustainabledevelopment/water-action-decade/
www.wateractiondecade.org/

Vereinte Nationen – Resolution 64/292 (Menschenrecht auf Wasser und sanitäre Versorgung)
www.un.org/waterforlifedecade/human_right_to_water.shtml

WaterAid
www.wateraid.org/?global

The Water Project
http://thewaterproject.org

Weltgesundheitsorganisation
www.who.int/health-topics/water-sanitation-and-hygiene-wash

DANKSAGUNG

Ich danke dem Institute of Advanced Study (IAS) an der Durham University für das Forschungsstipendium 2009 zum Thema Wasser, mit dessen Hilfe ich meine Forschung ausweiten und multidisziplinäre Perspektiven ausloten konnte. Es war eine so aufschlussreiche Erfahrung, dass ich inzwischen eine Vollzeitstelle am Institut angetreten habe. Bei der Arbeit an diesem Buch durfte ich vom Wissen einer Reihe von Kolleg:innen aus dem ganzen Spektrum wissenschaftlicher Fachrichtungen profitieren, u. a. Martin Ward (Astrophysiker); Tony Wilkinson (Archäologe); Philip Ball (wissenschaftlicher Autor); Giles Gasper (Mittelalterhistoriker); Barbara Graziosi (Altphilologin); Tom Mcleish (Physiker); David Wilkinson (Theologe); Tom Csordas (Anthropologe) und anderen. Ich danke auch meinen Freund:innen in Oxford, die mich beherbergten und verköstigten, während ich in die Wasser-Literatur in der Bodleian Library eintauchte. Dankbar bin ich auch den vielen Kolleg:innen und Informant:innen in Malawi, Vietnam, China, Neuseeland, Australien und in anderen weit verstreuten Teilen der Welt, die mir ein sprudelnder Quell von Wassergeschichten waren.

BILDQUELLEN

Die Autorin, Reaction Books und der Haupt Verlag danken den folgenden Quellen für das Anschauungsmaterial und/oder die Abdruckgenehmigung.

AceFighter19: S. 145; The Advertising Archives: S. 156; The British Library, London: S. 84; © The Trustees of the British Museum, London: S. 16 links, 18, 55, 59, 79, 97, 99, 106, 109, 110, 112, 123, 158; Brooklyn Museum: S. 100; Jose B. Cabajar: S. 73; John Clarke: S. 69; Chensiyuan: S. 144; Jim Coxon: S. 163; Dreamstime: S. 174 (Jaroslaw Kilian); Foto Deutsches Museum: S. 91; Neil Ferguson: S. 28; Flickr, CC BY 2.0: S. 4 (berlinrider), 66 (Guillaume Baviere), 176 (Kimon Berlin), 196 (kellyleagodfrey); Flickr, Public Domain: S. 27 (Travel_1435); Freeimages: S. 133 (Jim Epler), 127 oben (Claude Coquilleau), 148 (Stewart Aston), 149 (Geri-Jean Blanchard), 150–51 (Adam Short), Getty Images: S. 13 (Dieter Spannknebel), 14 (Peter Adams); © 2009 Google iStockphoto: S. 39 (meanmachine77), 81 (David Parsons), 88–9 (Jasmina Mihoc), 93 (santirf), 115 (duncan1890), 125 (traveller1116), 147 (Marcus Lindstrom), 152 (Jasmin Awad), 166–7 (Dave Hughes), 170 (haykirdi); imageBROKER: S. 2–3 (Michael Nitzschke); Library of Congress, Washington, DC: S. 22; Marama Muru-Lanning: S. 42; Helen Nathan: S. 47; Gabriella Possum Nungurrayi: S. 20; NASA: S. 37; Pixabay: S. 136 (Hugo Lanz), 160 (LucyKaef), 204–205 (hpgruesen); Foto © Centre Pompidou, MNAM-CCI, Dist. RMN-Grand Palais/Georges Meguerditchian: S. 11; Royal Collection Trust/© Her Majesty Queen Elizabeth II, 2014: S. 16 rechts, 23, 50; Veronica Strang: S. 6, 8, 17, 25, 30, 35, 42, 54, 57, 62, 71, 72, 77, 90, 95, 105, 107, 120, 127 unten, 129, 137, 138, 139, 153, 159, 168; Victoria and Albert Museum, London: S. 15; Chris Watson: S. 45; Wikimedia Commons, CC BY-SA 4.0: S. 48 (Rufus46).

REGISTER

Kursive Seitenzahlen beziehen sich auf Abbildungen.

Abfallstoffe 34–5, 91, 106–8, 141, 151, 163
- sanitäre Einrichtungen 87, 110, 116–17, 147
- *siehe auch* Verschmutzung

Ackerbau *siehe* Landwirtschaft

al-Faqīh, Ibn 42

Allan, Anthony 162

al-Nafīs, Ibn 52

Aquädukte 109–12, 125
- 91–2, 122, 132
- *siehe auch* Bewässerung

Aristoteles 19, 27

Arrhenius, Svante 11

Artensterben 151, 161

Atmosphäre *siehe* Meteorologie

Ballard, J. G., 61

Banzan, Kumazawa 153

Barabash, Ruth *11*

Bedeutungen und Metaphern
- Chaos 37–41, 61–3, 74, 83–4, 159–60, 173
- Feuchtgebiete 60–63
- Gedächtnis 58–9
- Gefühle 7, 64, 119
- generative Kraft 125, 129, 135–8
- Hochwasser und Tsunamis 40, 52, 64–5, 154, 159
- Körper 44, 51, 54, 58–9, 65, 124
- Leben 10, 23, 38, 42, 53, 70, 78, 124, 155, 161, 175
- Quellen 56, 68–70, 122–3, 128–9
- Reinheit 40, 92, 119
- Reinigung 44, 46, 83, 110, 117
- Unbewusste, das 58, 63, 69–70, 98–9
- Wohlstand 46, 52–4, 93, 117, 125, 137, 169
- Zeit 19, 38, 41, 56–60, 173, 175

Bergmen, Torbern Olof 120

Berners, Juliana 121

Berzelius, Jöns Jakob 21

Bevölkerung
- Bewegungen 67, 70, 147
- Dichte 82, 86, 90, 106, 160
- Vertreibung 131, 142–4, 146, 161
- Wachstum 67, 71–2, 79, 94, 97, 107, 134, 161–3, 165, 171

Bewässerung
- „Begrünen der Wüste“ 103, 131, 148
- frühe 54, 72–3, 78–90, 104–5, 111
- Infrastruktur 109, 112–13
- Systeme 131–7
- *siehe auch* Landwirtschaft

Bewässerungstechnologien
- archimedische Schrauben 91
- Gräben 134–5
- *norias* 87, *88*

LINKS Surfer in Rye, East Sussex, England

- Saugheber 91
- Vermessen 80, *81,* 87, 91
- Wässerwiesen 111, 150

Biosphäre 29
- Hypermeer 29, 31, 175
- Hypomeer 31, 63

Blake, William *16*
Blut 7, 15, 31-5, 52, 54, 64-5
Brunnen 42, *47, 48,* 78, 87, 92, 122-9, 123, *127, 137, 173*
Bunyan, John 61
Burdett, Peter Perez *112*

Caesar, Julius 69
Cassatt, Mary *118*
Celsius, Anders 21
Child, G. *55*
Churchill, Thomas 98
Colebrooke, Robert Hyde *106*
Coleridge, Samuel Taylor 98, *99*
Collaert, Adriaen *18*

Dalton, John 21, *22*
Darwin, Charles 12
Dati, Leonardo *124*
Diemer, Michael Zeno *91*
Domestizierung 61, 70, 78-9, 115, 117
Doré, Gustave *101, 157*
Douglas, Mary 35, 51
Durkheim, Émile 68
Dürre 67, 131, 158, *160,* 161, 168
- Wasserknappheit 155, 165

Eigentümerschaft 53, 93
- Demokratie 53, 167-70
- Einhegung, Privatisierung 54, 109-10, 143, 145-6, 166-9
- Geschlecht 61
- Handel 169
- transnationale Konzerne 155, 169
- Wasserdiebstahl 110, 168
- *siehe auch* Konflikte; Steuerungsmechanismen

emotionale Erfahrung 9, 22, 140
- Musik 49, 119, 126, *127,* 172-3
- *siehe auch* Bedeutungen und Metaphern; Sinneserfahrungen

Entwicklungskonzepte 103, 130, 143-5, 161, 170
- frühe Entwicklung 26, 61, 104-5, 109, 111
- industrielle 112-14, 135-6
- Intensivierung 71, 79, 82, 104, 137, 140-41, 161, 166
- nachhaltige 171-2
- *siehe auch* Wachstum

Erholung 121, 138-40
Evolution 12, 15, 31
Elemente, Theorie der *siehe* Wissenschaft

Fahrenheit, Daniel Gabriel 21
Feuchtgebiete und Sümpfe 60, 67, 72-3, 102, 160, 164
- Trockenlegung 92, 111, 160

Fischerei, kommerzielle 100-102, 153-4, 165, *166*
Flüsse und Becken
- Amazonas 158
- Euphrat 73, 86, 165
- Colorado 54, 135, 149, 165
- Ganges 20
- Großes Artesisches Becken 131
- Huang He 73, 82
- Indus 73, 78, 81, 87, 165
- Jangtse 72, 146

- Jordan 54, 165
- Kemi 56
- Lethe 58
- Mekong 54, 72, 96
- Murray-Darling-Becken 131–2, 164
- Nil 20, 73, 75, 78–81, 165
- Stour 54, 129, 164
- Tigris 73, 165

Freud, Sigmund 63, 68
Frontinus, Sextus Julius 91, 122, 132

Gärten 119, 137–8
- frühe 86–7, 90, 105, 124
- islamische 122–3, *125*
- Renaissance- 128–9, *128, 129*
- *siehe auch* Klimawandel

Gartenbau 70, *72,* 102
Gesundheit 53, 117, 119–21, 175
- Kurorte und Heilbäder 46, *47,* 119–21, 138
- negative Auswirkungen auf 108, 143, 153
- wasserbürtige Krankheiten 61, 65, 108, 116, 147
- *siehe auch* Trinkwasser; religiöse Überzeugungen

Gletscher *siehe* Süßwasser
Globalisierung 33, 103, 114, 137, 163, 170–72
Goethe, Johann Wolfgang von 15
Gottheiten
- ägyptische *nommos* 42
- *Apsu* und *Ti'amat,* Babylon 40
- Drachen 42, 77, *77*
- Geschlecht von 39–40, 69–70, 74–5, 82, 84
- Leviathan 41, 63, 83–5, *101*
- *Mami Wata,* Afrika 42
- *Nāgas,* Indien, Asien 42, 76
- Osiris 74–5, *75,* 78
- *Quetzalcóatl,* Azteken 39
- Regenbogen 40, 77
- Regenbogenschlange, Australien 23, 38, 42, 69, 77, 100
- Regenmachen 39, 40, 74, 77
- Schlange der Pueblo, gehörnte 39
- sumerische 40, 74
- *Tangaroa,* Neuzseeland 38
- *taniwha* und *marakihau,* Neuseeland 42, *42*
- Urwesen, Totems 38, 41, 78
- vermenschlichte Gottheiten 40, 44, 60, 79–80, 83
- Wasserschlange der Hopi 38–39
- Wasserwesen, himmlische 20, 74–7

Grundwasser *siehe* Süßwasser
Grundwasserschichten *siehe* Süßwasser

Halley, Edmund 24
Hansen, James 161
Heaney, Seamus 60
Helmont, Jan Baptist van 21
Hill, Ernestine 131–2
Hippokrates 20
Hochwasser und Tsunamis 153, 158–61
- Mythen 40–41, 78, 82–3, 86
- Rückstau von Abwasser 35, 154, 159
- Schutz *siehe* Staudämme

Hokusai, Katsushika *97, 158*
Hydrologie 22–7, 34, 68, 78, 91

Identität 64, 116–19, 122, 154–5, 175
- nationale 105, 125
- *siehe auch* Blut

Illich, Ivan 51, 114, 171
Industrialisierung 94, 106–8, 112–15, 129–30, 140
Industrie 34–5

Jagd-und-Sammelgemeinschaften 20, 60, 68–70, 72, 100, 102
Jung, Carl 63

Kanäle 10, 73, 80–83, 87, 91–2, 106, 108, 111–13, 122, 164
- auf dem Mars *(canali)* 10–12, *12*
- Bewässerungs- 54, 81–2, 86–7, 134, 136
- imperiale 104–5, *105,* 111
- industrielle 112–15, *112*
- Suezkanal 114, *115*
- *siehe auch* Staudämme

Kanalisation 34–5, 91, 106, 151
Kepler, Johannes 29
Kircher, Athanasius *19*
Klimawandel 8, 26, 36, 79, 155, 158, 160, 172
Konflikte 53, 56, 163–5
- historische Wasserkonflikte 104, 165
- Proteste und Gegenbewegungen 141, 146, 152, 164–8, 170, 172

Landwirtschaft 21, 61, 71–2, 75–7, 104, 160
- industrielle 149–50, 155
- *siehe auch* Bewässerung

Lavoisier, Antoine 21
Leonardo da Vinci 22, *23, 32, 51*
Lévi-Strauss, Claude 51
Lovelock, James 29
Lowell, Percival 10
Lucanus 69

Macht 53, 93
- politische 78–9, 80, 82, 86, 103–5, 109–10, 125–6, 132, 135, 168
- gesellschaftliche und wirtschaftliche 93, 109, 115, 125, 144
- *siehe auch* Technologie

Mariotte, Edme 24
materielle Eigenschaften 12–16, 21, 31, 35, 113, 141
- kognitives Verständnis 8, 41, 49, 51–2, 65, 127
- Zusammensetzung 7, 12–16, 21, 31, 35, 52
- verbindende Eigenschaften 15, 29, 35

Meer, See
- Meeresspiegel 27, 67
- Meeresverschmutzung 36, 149–54
- Seemonster *siehe* religiöse Überzeugungen
- Seereisen 67, 94–6, 97–100, 102, 114

Meer als Symbol
- der Quelle des Lebens 40–41, 97, 175
- des Todes 58–9, 98, 151
- des Unbewussten 31, 61–4, 159

Melville, Herman 99
Merian, Maria Sibylla *16*
Meteorologie
- Atmosphäre 12, 15, 17, 19, 21, 29
- Niederschläge 22–4, 26–9, 87, 158, 160
- Wetter 17, 46–7, 102, 158
- *siehe auch* Hydrologie

Millais, Sir John Everett *60*
Monet, Claude *128*
Mühlen *siehe* Macht
Musik *siehe* emotionale Erfahrung

Nationalstaaten 104–5
Naturkonzepte 8, 61, 83–5, 94, 103
Nungurrayi, Gabriella Possum *20*

Paracelsus 21
Pasteur, Louis 12
Perrault, Pierre 24
Platon 19

Plinius 69
Priestley, Joseph 21

Qualität 92, 146–7, 153–5
Quellen 12, 20, 22, *25*, 42, 44, 68, 90, 92, 107–8

Recht 69, 82, 87, 108, 147, 172
- römisches 91–2, 132
Recycling 36, 119, 154–5
Reinigung
- körperliche 7, 35, 46, 117, 120, 151
- moralische 44, 46, 83, 110
religiöse Überzeugungen
- Alchemie 20
- Fruchtbarkeit 16, 20, 39, 44, 74–7, 80, 83
- heilige Quellen 42, 44, 46, 69, 78, 119
- Hydrotheologie, Naturtheologie 24, 26, 44
- Kampfmythen 84, 132
- Monotheismus 82–5, 103
- Naturreligionen 40, 103
- Polytheismus 82, 103
- Schöpfungsmythen 38–41, 75–80, 83
- Sintflutmythen 40–41, 78, 82–3
- Wasser, lebendiges 41, 46, 51, 155, 175
- Weihwasser 44
Rituale 44, 69, 78, *79*, 123–4, 134
- Himmelsflüsse 20, *20*
- spirituelle Erleuchtung 44, 49, 52, 83, 128–9
- Unterwelten 20, 59, 63, 68, 99
- *siehe auch* Gottheiten
Roy, Arundhati 145–6

Said, Edward 131
sanitäre Einrichtungen 87, 110, 116–17, 147
Schiaparelli, Giovanni 10, *12*
Secchi, Pietro 10
Sinneserfahrungen 47–51, 140, 172, *siehe auch* emotionale Erfahrung
Smith, Stevie, 63–4
Springbrunnen 48, 123–9, *123*
- Heilbäder *47*, 119
- Jungbrunnen 56, 78
- Symbole 92–3, 122, 125–9, *125*, *127*, 136–8, 173
- zur Wasserversorgung 92, 122, 125, 132
Staudämme
- antike 81, 86, 87, 90
- Assuan-Staudamm 112
- Auswirkungen 131, 142–3, 146–9, 160, 164–5
- Cubbie Station, Australien 164, *164*, 169
- Drei-Schluchten-Talsperre, China 146
- Hochwasserschutz 142
- Hoover Dam 112, *132*, 135, 142, 146
- Narmarda Valley Development Project, Indien 144–6, *145*
- Snowy Mountains Irrigation Scheme, Australien 135
- World Commission 143
Steuerungsmechanismen 53, 82, 109, 144, 167, 170–72
- Wasserrechte 135, 146, *168*, 170, 172
- *siehe auch* Konflikte; Recht; Eigentümerschaft
Strang, William *99*
Strömer, Martin 21
Süßwasser 8, 139
- Gletscher 16, 26–7, 67, 113, 155, 163, 165
- Grundwasser 16, 26–7, 34, 146, 148, 163

- Reservoirs 87, 115, 131, 135–6, 139, 142, 146
- *siehe auch* Klimawandel

Systeme
- aquatische 150–52
- hydrologische 15, 23, 29, 52, 161
- nachhaltige 71, 131, 134, 141, 144
- nicht nachhaltige 36, 104–5, 161–2, 166, 170–72, *siehe auch* Recycling
- Ökosysteme 11, 29, 33–4, 56, 107, 140–42, 161
- Ordnung in 35–7, 46, 119, 161
- Wirtschafts- 52, 137

Technologie
- Dampf 113–14
- Elektrizität aus Wasserkraft 135–6, 166
- Energie 56, 90, 94
- Mühlen 54, 94, 113, 164
- Wasserräder 81, 90, 91, 94, *95,* 105, 106, 113

Thales von Milet 19
Thoreau, Henry David 60
Trinkwasser
- Aufbereitung 35, 108, 154–5
- in Flaschen 48, 119 147, 155
- Heilquellen 46–8, *47,* 119–20, *120*
- Versorgung 122, 147, *siehe auch* Gesundheit

Trockenheit 24, 26, 79, 90, 103, 131, 134, 161, *siehe auch* Bewässerung
Trockenlegung 61, 92, 102, 111, 150, 160, *siehe auch* Feuchtgebiete
Turner, J. M. W. *59*

Umweltbewegungen 140
- European Rivers Network 143
- Friends of the River Narmarda 144
- International Rivers Network 143
- UCN 151
- *siehe auch* Konflikte

Vernadsky, Vladimir 29
Versalzung 87, 104, 148–9
Verschmutzung 8, 35–6, 108, 148–51, 163
- als gesellschaftliche Metapher 64–5, 116–17, 154, 159, 161
- als spirituelle Metapher 44, 52, 92, 119
- durch die Landwirtschaft 35, 117, 137, 149, 150
- durch Reinigungs- und pharmazeutische Produkte 154
- durch die Industrie 150, 151–4
- Lärm- 151
- Öl- 36, 149, 151
- *siehe auch* Abfallstoffe

virtuelles Wasser 147, 162–3, 169
Vitruvius Pollio, Marcus 22, 91

Wachstum 71, 94, 97, 103, 105, 134–42
- Degrowth-Wirtschaft 171

Wälder 71, 134, 146, 150, 158, 160
Walton, Izaak, *Compleat Angler* 121
Ward, Martin 11–12
Wasseraufbereitung 35, *35,* 108, 154–5, *siehe auch* Verschmutzung
Wasserversorgung 34, 90–92, 109–10, 155
- häusliche 106, 115–17, 138, 142
- städtische 34, 90, 108–9, 115–17
- Stauseen und Staudämme 135

- Systeme 90–92, 106, 167–8
- *siehe auch* Trinkwasser; Eigentümerschaft

Weltall, Wasser im 10–12, 36

Wissenschaft 19, 24, 37, 114–16, 135
- Elemente, Theorien der 18–19, 21–2, 85, 114
- Ökologie 114
- *siehe auch* Hydrologie

Wordsworth, William 64

OBEN Oberaarstausee unterhalb des Oberaargletschers im Grimselgebiet, Schweiz